NOTBURG GEIBEL

SCHATZKAMMER NATURPARK OBERE DONAU

NOTBURG GEIBEL

SCHATZKAMMER NATURPARK OBERE DONAU

Perlen einer einzigartigen Landschaft

GMEINER

Besuchen Sie uns im Internet:
www.gmeiner-verlag.de

Im Ehnried 5, 88605 Meßkirch
Telefon 07575 / 2095-0
info@gmeiner-verlag.de

1. Auflage 2024

Redaktion: Anja Sandmann
Korrektorat: Janine-Denise Lehleiter
Layout & Gestaltung: Veronika Buck
unter Verwendung von Fotos von:

Printed in Slovakia
ISBN 978-3-8392-0641-6

Inhalt

Vorwort

Der »Naturpark Obere Donau« umfasst ein weitläufiges, überwiegend ländlich geprägtes Gebiet rechts und links der jungen Donau, in dem sich auch große Teile des Eigentums des Fürstenhauses Hohenzollern befinden. Diese alte Kulturlandschaft ist geprägt durch eine weitläufige land- und forstwirtschaftliche Nutzung. Die Industrie sowie das Handwerk haben sich in den Nachkriegsjahren fast unbemerkt und abseits der großen urbanen Räume hier fest etabliert. Firmen mit großen Namen, ja sogar Weltmarktführer liegen inmitten dieser außergewöhnlichen Naturkulisse. Und doch werden immerhin 40 Prozent der Fläche des Naturparks landwirtschaftlich und sogar 47 Prozent forstlich genutzt.

Unser Haus unterstützt die Ziele des Naturparks ganz konkret, unter anderem durch die Abordnung meines Forstchefs im Vorstandsgremium des Naturparks als Vertreter der Forstkammer Baden-Württemberg. Das auch deshalb, weil in einem Naturpark die gelingende Kombination unternommen wird, den Erhalt der Umwelt sowie der artenreichen Naturausstattung mit einer auch künftigen nachhaltigen Nutzung des Eigentums zum Wohle aller zu verbinden. Nicht die einseitige Flächenstilllegung, erst recht nicht der Ausschluss des Menschen aus seinem seit Generationen angestammten Naturraum ist hier das Ziel, sondern die althergebrachte Verbindung von Mensch und Natur soll beispielhaft und zukunftsweisend gefördert und weiter ausgebaut werden.

Unser Haus möchte mit modernen Waldbaumethoden einen Beitrag dazu leisten, dass dieses einmalige Kleinod auch für künftige Generationen erleb- und genießbar bleibt. In zunehmend unsicheren Zeiten der Klimaerwärmung gilt es jetzt, unseren Kultur- und Naturraum krisenfest zu machen. Dabei dürfen, ja müssen auch »alte Zöpfe« abgeschnitten und Neues gewagt werden. Die Natur ist gerade nicht statisch, weshalb Veränderungen nicht nur systemimmanent, sondern eigentlich sogar erwünscht sein sollten. Derzeit müssen Anpassungsprozesse entstehen, weil der Einzelne in seinem Wirkungsbereich nicht mehr in der Lage ist, globale Auswirkungen in seinem eigenen Umfeld zu verhindern oder abzuschirmen. Der »Fürstliche Wildpark Josefslust« ist ein Beispiel dafür, er liegt südlich von Sigmaringen und ist ein Teil der Naturparkkulisse. Die alten Fichtenforste weichen zunehmend und eine neue, junge, aber gemischte Waldgeneration entsteht. Diese soll und wird sich den neuen Umweltbedingungen anpassen und auch künftigen Generationen ein Erholungsraum sein, der Natur ein Habitat und Rückzugsort – aber zugleich auch dem Eigentümer ein wertvoller Wald, von dessen Nutzen er unter anderem Kulturgüter höchsten Ranges wie das Hohenzollernschloss in Sigmaringen unterhalten kann.

Notburg Geibel schlägt in diesem Buch einen weiten Bogen über den »Naturpark Obere Donau« und beleuchtet dabei all diese Aspekte auf wunderbare Weise. Ich hoffe und wünsche, dass viele Leser sich an diesem Werk erfreuen und bin dankbar, in ihr eine profunde Kennerin dieses einmaligen Naturschatzes in unserer Heimat zu wissen.

Karl Friedrich Fürst von Hohenzollern

In Verantwortung für das größte Privatwald-Gebiet im Naturpark: der Fürst und sein Forst-Chef im »Filet-Stück«, dem »Fürstlichen Wildpark Josefslust«

Abenteuer im Garten Eden

Die Schönheit der Natur

Wer die Natur so schön gemacht
Dass sie dem Auge und der Seele wohlgefällig
Hat sie uns Menschen anvertraut
Nicht zum Zerstören. Sondern zur Erbauung

Schönheit schenkt uns Kraft zum Leben
Bleibt sogar in der Vergänglichkeit
Uns treu mit einem Überfluss, der nie versiegt
Wenn Menschen sie nicht selbst vernichten

Nur wer das Erbe pfleglich wahrt
Das mit der Schöpfung uns geschenkt
Kann Freud und Lust am Leben dauerhaft erhalten
Und wird in allem dankbar spüren Gottes Walten

In einem Kabinett der Raritäten

Ein einzigartiger Natur- und Kulturraum breitet sich aus zwischen der »Hohen Schwabenalb« und dem Bodensee-Vorland. Rund um die junge Donau treffen wahre Superlative publikumswirksam aufeinander. Die höchsten Gipfel der Schwäbischen Alb, die ältesten Relikte aus Urzeit und Vorzeit, die meisten Schlösser, Burgen und Ruinen auf engstem Raum, Hochadelshäuser von europäischem Rang und Namen, Raritäten aus Fauna und Flora, Geistesgrößen, Wirtschaftsunternehmen und ein Kloster von Weltgeltung.

Der »Naturpark Obere Donau« ist ein Lebensraum der Vielfalt. Entstanden aus naturgegebener Schönheit und Abwechslungsreichtum und getragen von geografisch und geologisch, geschichtlich und gesellschaftlich bemerkenswerten Eigenheiten seiner Bewohner. In dieses »Hochspannungsfeld der Kontraste« bringen mittlerweile 56 Städte und Gemeinden aus vier Landkreisen ihre teilweise extrem unterschiedlichen kulturellen Wurzeln ein: Badener, Hohenzollern, Württemberger ... Älbler, Talemer, Baaremer, Oberschwaben, Zugezogene ... Katholiken, Protestanten, Muslime ... Dazu gesellt sich an den Wochenenden noch eine Heerschar an Touristen: Bergsteiger, Radfahrer, Paddler, Naturfreunde, Wanderer ...

Keine einfache Aufgabe für die Verantwortlichen, deren wachsende und sich stetig wandelnde Ansprüche unter einen Hut zu bringen und zugleich das Primat der Natur in all ihrer Vielfalt und Einzigartigkeit zu sichern. Doch genau das hatten sich die Gründer des »Naturparks Obere Donau« vor nunmehr fast einem halben Jahrhundert vorgenommen, als sie ihn am 5. Dezember 1980 auf der Burg Wildenstein aus der Taufe hoben mit der Maßgabe, Schutz und Erhalt der Naturvielfalt und wirtschaftliche Belebung in einer beispielhaften Erholungslandschaft zu gewährleisten.

Wurde dieses Ziel erreicht? Die Antwort gibt der »Naturpark Obere Donau« selbst. Eindeutig. Selbstbewusst. Beweiskräftig. So fest wie seine Felsen, so tief wie seine Wälder, so bunt wie seine Wiesen, so ewig jung wie die Donauwellen und so weit wie der Himmel über diesem einzigartigen Garten Eden. Überzeugen Sie sich selbst. Begleiten Sie mich auf meiner Erkundungstour. Das »Haus der Natur« in Beuron ist dazu der ideale Start- und Landeplatz.

Die »Naturpark-Schaltstelle« am Bahnhof Beuron

»Lerne Deine Heimat kennen.« Diese Volksweisheit steht alle Jahre wieder auch zum Abschluss der Grundschulzeit auf dem Stundenplan der Korbinian-Brodmann-Grundschule Hohenfels. Was für ein toller Schulausflug vor dem Abschied aus der Kinderzeit, bevor jeder seinen eigenen weiterführenden Lebensweg einschlägt. Begleitet von zwei Lehrerinnen sind sie heute früh schon im »Murmeltier« zu Hausen im Tal eingetroffen und – einschließlich des mit Gummistiefeln, Wetterklamotten und Proviantpäckle bis über den Rand gefüllten Leiterwägele – gleich mit dem Freizeit-Express nach Beuron weitergetuckert. Gewässerkunde in der Donau stand auf dem Lehr-Programm, Rundgang durch die Ausstellung mit Einführung durch das Naturpark-Team und – nicht zu vergessen – eine ordentliche Portion Vorfreude aufs morgige i-Tüpfle. Denn da ist Klettern angesagt. Unter kundiger Profi-Anleitung darf jeder mal am eigenen Leib erfahren, wie er sich fühlt »in der Wand«.

In dieser Traumkulisse aus Fels, Forst und Fluss an den Mäandern der jungen Donau den Geheimnissen der Natur auf die Spur zu kommen, ist für Kinder nicht nur ein großartiges, sondern auch ein notwendiges Erlebnis. Denn nur so lässt sich das sensible Eigenleben des Naturkosmos nachhaltig kennenlernen. In seinem Herzstück – dem Durchbruchstal zwischen Fridingen und Sigmaringen mit seiner für Auge und Seele spektakulären wie erdgeschichtlich bedeutsamen Natur-Dramatik – bietet der »Naturpark Obere Donau« Bewohnern wie Besuchern mit dem »Haus der Natur« im historischen Beuroner Bahnhofsgebäude eine Schalt- und Informationszentrale, wie sie seine Gründer sich nicht besser hätten wünschen können. Keine trockene Lehrveranstaltung, keine seichte Hochglanz-»Anmache«, sondern informativ-unterhaltende, prägnant-fundierte und eingängige Wissensvermittlung, die Spaß macht und Neugier weckt.

Was die Natur ihren Freunden zwischen Baar-Alb und Zollernalb, dem Großen Heuberg und dem Donauried an Raritäten und Kuriositäten, Schützens-

Natur wird zum Erfahrungs- und Lernort. Kundige Führung garantiert das versierte Team im »Haus der Natur«.

wertem und Liebenswertem schenkt, bündelt sich zum wahren Garten Eden. Mit seinen geistigen, künstlerischen und technischen Errungenschaften hat der Mensch die ihm geschenkte Vielfalt noch angereichert und zu einem anspruchsvollen Kulturraum ergänzt. Dass es dem Profi-Team im »Haus der Natur« – überwiegend geschulte Forstleute – gelingt, mit seinem Akzent auf naturgerechte Wissensvermittlung und Blick aufs Wesentliche die gute Sache voranzubringen, war zum Zeitpunkt der Gründung alles andere als selbstverständlich und ohne die dafür unerlässliche Extraportion Leidenschaft gar nicht denkbar.

Allein die gedruckten Ratgeber sind ein vielversprechender Vorgeschmack. Von botanischen und geologischen Grundkenntnissen bis hin zu kinderfreundlich liebenswert aufbereiteten Lernfibeln über all die Wunder, die da wachsen und kreuchen und fleuchen in Fels und Fluss, Wies und Wald, oder die griffig-spannenden Handouts für Wander- und Kletter-, Radel- und Paddel-Fans inklusive guter Vesper-Tipps machen Lust auf Abenteuer. Und schon beim (Blättern und) Schauen und Staunen im Blätterwald wird klar: Der »Naturpark Obere Donau« verlangt volle Aufmerksamkeit. Einfach mal so »g'schwind abhaken« wäre ein absolutes »No-Go«. Für die im »Haus der Natur« reichlich dargebotene Lektüre gilt: Mitnehmen, Anschauen und am besten gleich die nächste Exkursion »timen«, gerne auch unter kundiger Führung. Gesundheits- oder Mondscheinwandern, fürstlich oder klösterlich Lustwandeln, Waldbaden oder Brotbacken, Filzen oder Vespern – an Angeboten im Jahresprogramm fehlt es jedenfalls nicht. Ebenso wenig an engagierten Ehrenamtlichen, die ihr Wissen über Kultur und Natur gerne zur Verfügung stellen.

Der Erholungswert eines Naturparkes liegt im Reichtum seiner Lebensräume. An der Oberen Donau heißt das Kennwort: »Vielfalt«.

Genießen - Gestalten - Erhalten: Wo Vielfalt Programm ist

Interview mit dem Naturparkgeschäftsführer Bernd Schneck

Bernd Schneck steht seit 25 Jahren maßgebend in der Verantwortung für – nach zweimaliger Erweiterung inzwischen fast auf das Doppelte angewachsene – nahezu 150.000 Hektar naturverträgliche Erholungslandschaft. Im »Haus der Natur« zu Beuron – in Kooperation mit der Stiftung Naturschutz der Geschäftssitz des »Naturparks Obere Donau e. V.« – erläutert er die Schwerpunkte eines Konzepts, welches sich seit der Gründung des Naturparks als weitgehend erfolgreich bewährt hat.

Der einzigartige Natur- und Kulturraum rund um die junge Donau genießt unter den sieben Naturparken des Landes Baden-Württemberg einen herausragenden Ruf. Als hochwertiger Lebens- und Rückzugsraum für Pflanzen und Tiere und gleichzeitig als touristischer Hotspot mit vielfältigen Erholungsangeboten sind Interessenkollisionen allerdings quasi vorprogrammiert. Sind oft gegensätzliche Ansprüche wie der Schutz der Natur und die Freizeitbedürfnisse der Menschen unter einen Hut zu bringen?

Die außergewöhnliche Vielfalt und Unterschiedlichkeit auf

kleinstem Raum zeichnen unseren Naturpark aus und sie gilt es zu entdecken. Egal, ob im Albvorland bei Schömberg, am Albtrauf oder auf der Albhochfläche, im monumentalen Donau-Durchbruchstal oder in den weitläufigen Feld- und Waldgebieten Oberschwabens, die Landschaft hat immer ihren eigenen Charakter und ihre spezielle Geschichte. Dies zu ergründen ist eine wahre Herausforderung für Entdeckerfreunde.

Zugleich aber auch die große Herausforderung, vor die wir uns – der Naturparkverein und die Stiftung Naturschutz – in partnerschaftlicher Zusammenarbeit gestellt sehen. Um zu verhindern, dass die teilweise sehr widersprüchlichen Freizeitinteressen unkoordiniert mit den Belangen des Naturschutzes kollidieren, verfügt jeder Naturpark über einen Naturparkplan mit klar definierten Zielvorgaben. Für den Bereich der Besucherlenkung gibt es außerdem ein umfassendes Regelwerk, das natürlich ständiger Überwachung und Fortschreibung bedarf. Daneben unterstützt der Naturpark über das Instrument der Naturparkförderung finanziell Maßnahmen, die zur zielgerichteten Aufgabenerfüllung dienen.

Wie schaffen Sie diese Mammut-Aufgabe?

Rapsodie in Grün: im »Schindelwald« südlich von Neuhausen ob Eck

Das Naturpark-Team ist viel zu klein, um alles zu machen, aber es kann als Teil eines großen überregionalen Netzwerkes Impulse geben, Projekte in unterschiedlichsten Bereichen vom Naturschutz über Bildung und Kultur bis hin zum Tourismus anstoßen, aufgreifen oder begleiten und sich gegen eventuell schädliche Entwicklungen stemmen, die dem Naturpark nicht zuträglich sind.

Ziel ist es, einerseits den Reichtum an Natur zu erhalten, die Kulturlandschaft zu pflegen und weiterzuentwickeln, andererseits den wachsenden und sich wandelnden Ansprüchen seiner »Nutznießer« weitmöglichst entgegenzukommen. Dass es nicht einfach ist, die Balance zu finden, liegt an teilweise extrem divergierenden Interessen. Mountainbiken und Waldbaden, Radfahren und Wandern sind nicht immer reibungsfrei und Kletter- oder Kanuausflüge in geschützten Fels- und Fluss-Bereichen schon gar nicht. Da geht es nicht ohne Vorgaben und Vorschriften und vor allem ohne gegenseitige Achtsamkeit. Da sind der Ranger und die Sommer-Ranger des Naturschutzzentrums gefragt.

Die Alb grüßt den Schwarzwald: Das »Weiße Kreuz« über Gosheim bietet einen überwältigenden Rundblick.

Ähnliche Konflikte gilt es beim Erhalt des Landschaftsbildes und dem Schutz unbebauter Außenbereiche und den Anforderungen einer modernen Industriegesellschaft zu lösen.

Ihr Lösungsansatz für eine vernünftige Bewusstseinsbildung bei Menschen, die sich leider immer weiter von der Natur entfernen?

Information. Information. Und nochmals Information. Seit das »Haus der Natur« im alten Beuroner Bahnhof 1996 eröffnet wurde, informieren sich jährlich über 20.000 Besucher in unserer Dauerausstellung »Lebendige Vielfalt« und bei den zahlreichen angebotenen Veranstaltungen. Neben Urlaubern aus dem In- und Ausland kommen die meisten Besucher und viele Schulklassen aus einem Umkreis von bis zu 100 Kilometern. Unser Ziel: Besucherlenkung, Wissensvermittlung, Führungen. Vom Vortrag bis zur Exkursion. Vom Kindergartenkind bis zur »Generation 80-plus«.

Auf welche gelungene Aktivität sind Sie gemeinsam mit ihrem Team besonders stolz?

Von besonderer Bedeutung sind die Angebote der Bildung für nachhaltige Entwicklung (BNE) für Kindergärten, Schulklassen und Jugendgruppen. Ob Waldpädagogik oder Gewässerökologie – das spielerische Erfassen von Naturzusammenhängen nach dem Motto »Naturerleben muss Spaß und Freude machen« steht im Vordergrund unserer Arbeit und ist mir auch persönlich ein großes Anliegen. In den Monaten April bis Oktober vergeht fast kein Tag, an dem nicht mindestens eine Schulklasse die verschiedenen Angebote nutzt. Besonders eng ist dabei die Zusammenarbeit mit der wachsenden Anzahl an vom Verband Deutscher Naturparke (VDN) zertifizierten Naturparkschulen und Naturparkkindergärten.

Der Erhalt unserer Kulturlandschaft nimmt in Ihrem Aufgabenkatalog einen wichtigen Platz ein. Was ist darunter zu verstehen?

Zentraler Baustein unseres Umweltbildungs-Angebotes sind rund 200 verschiedene Veranstaltungen des »Hauses der Natur«. Von der Vespertour um einen landwirtschaftlichen Betrieb im Naturpark über Naturpark-Frühstücke, Kochen mit Wildkräutern bis hin zum Filzen mit Schafwolle; vom Ausflug zur Streuobstwiese bis zum Waldlehrpfad, der Einblick in Natur-Zusammenhänge und Entstehung einer Kulturlandschaft gibt – für Vielzahl und Vielfalt der Themen ist reichlich gesorgt. Mit historisch, geologisch und botanisch besonderen Punkten ist der »Naturpark Obere Donau« ja mehr als gesegnet.

Und wie steht's um das zurzeit heiß diskutierte große Thema »Landwirtschaft – Naturschutz«?

Fast die Hälfte der Fläche des Naturparks wird landwirtschaftlich genutzt. Neben Grünlandbereichen im Bereich der Alb überwiegt im Südosten, im Bereich von Oberschwaben, Ackerbau. Viele Betriebe erzeugen auch Strom und Nahwärme aus landwirtschaftlichen Produkten oder auf landwirtschaftlichen Flächen in Biogas- und Photovoltaikanlagen und tragen so zur Energiewende bei. Der Strukturwandel in der Landwirtschaft schreitet dabei weiter voran. Über die Vermarktung regionaler Produkte aus ökologisch besonders wertvollen Landschaftsbereichen, wie Streuobstwiesen, Wacholderheiden oder extensivem Grünland, versucht der Naturpark seit vielen Jahren Menschen für die Belange der Landwirtschaft zu sensibilisieren und gleichzeitig die extensive Nutzung besonders bedrohter Landschaftsbereiche weiterhin zu erhalten. Egal ob Düngepellets aus Schafwolle, gefilzte Geschenkartikel oder Apfelsaft von Streuobstwiesen, die Projekte und Ansätze sind hier vielfältig.

»Willkommen im Land der Vielfalt.« Mit Ihrer eindrucksvollen Naturpark-Präsentation wecken Sie Neugier. Gibt es unter den vielen Highlights auf unserer wahren »Schatzinsel«

rund um die Obere Donau auch einen persönlichen Lieblingsplatz?

Da die Landschaft im Naturpark so vielfältig ist und auch die Jahreszeit und Witterung eine große Rolle spielt, wechseln meine Lieblingsplätze gelegentlich.

Als historische Kleinode begeistern mich immer wieder: Veringenstadt, die alte Friedhofskirche St. Peter und Paul von Nusplingen oder die Oberstadt von Mühlheim an der Donau. Von den zahlreichen Aussichtspunkten des Naturparks liebe ich besonders den Blick vom Witthoh auf den Bodensee und die Alpenkette oder vom Weißen Kreuz bei Gosheim auf Rottweil und den Schwarzwald. Ruhe und viel unverbaute Natur lässt sich im Schmeie- und Fehlatal, aber auch im Ursental finden. Und eine ganz besondere Erfahrung bietet die Albhochfläche bei Schneelage auf Langlaufskiern, ganz egal ob bei Inneringen, Meßstetten oder bei Böttingen.

Der Landkreis Biberach bringt in die Schatzkammer Naturpark mit Kloster Heiligkreuztal eine besonders leuchtende Perle ein: Kloster Heiligkreuztal, eines der beliebtesten Tagungshäuser der Diözese Rottenburg-Stuttgart. Kaum mehr als eine Handvoll Gebäude, umschlossen von zwei Kilometer Klostermauer. Aber was für ein kreativer Weg durch Bau- und Kunst-Geschichte eines mittlerweile bald 800 Jahre alten einstigen Frauenklösterchens, dessen Bauwerke und Ausstattung die Zeit nahezu unversehrt überdauert haben. Sakralkunst und der Zauber der Stille finden sich im ländlichen Abseits des idyllischen Landschaftspastorales zwischen dem Donauried und der Südflanke der Mittelalb zu perfekter Harmonie.

Das verborgene Refugium der kleinen Wunder

»Geh aus, mein Herz, und suche Freud!« Eines der schönsten und bekanntesten deutschen Sommerlieder – 1655 aus der Feder des Dichters und Luther-Zeitgenossen Paul Gerhard entstanden – könnte hier entstanden sein. Ob Stiegeles- oder Knopfmacherfels, Eich- oder Stuhlfelsen, Bischofsfelsen oder Hausener Wände – es ist nicht allein der überwältigende Blick, der den Lobgesang auf die großartige Naturkulisse zur »Naturpark-Hymne« prädestiniert. Auf den Felsköpfen, in der Steppenheide, den Schluchtwäldern und den Kalkmagerwiesen breitet sich ein wahrer Gottesgarten aus. Betreten verboten selbstverständlich, denn die Reckhölderle, Schusternägele, Bauernbüble, Pfingstnelken, Hirschzungen, Himmelsleitern – und wie sie alle heißen – vertragen sich nicht mit derben Wanderschuhen und wollen – bei aller Begeisterung – schon gar nicht ausgerissen werden. Auffallend viele Hochgebirgsgewächse machen das Dach der Alb zum verborgenen Refugium. »Paradiesische Urnatur« in einem hochsensiblen alpinem Biotop. Die Gründerväter des Naturparks haben diesen unerschöpflichen Reichtum, aber auch sein Schutzbedürfnis erkannt, und deshalb in gemeinsamer Anstrengung zu Achtsamkeit und Rücksicht auf-

Schmetterling des Jahres 2022: der Kaisermantel

gerufen. Der Erholungswert eines Naturparks liegt schließlich im Reichtum seiner Lebensräume. Und wer die leibliche und seelische Gesunderhaltung der Bewohner und Besucher im Auge hat, muss auch für die unscheinbarsten Mitbewohner unserer Erde ein

Herz haben. Das gilt selbstverständlich auch für die Insektenwelt; für die kunstvollen Lampions der Höhlenspinne, die bedrohten Fledermäuse, vom Aussterben bedrohte Raritäten wie Alpenbock und Apollofalter oder die Artenvielfalt der Käfer und Schrecken, die sich zu Nutz und Freude seltener Brutvögel in Schotterflächen, Holzwiesen und Steinriegel-Landschaften verstecken. An jeweils individuell ausgerichteten Themen- und Lehrpfaden, um den Naturwundern mit Respekt behutsam näher zu kommen, mangelt es nicht.

Der Paradiesgarten rund um die Donau ist ein wahres Biotop seltener Pflanzenarten: »Der hochgiftige Blaue Eisenhut, das seltene Steinröslein (Reckhölderle), geschützte Alpenpflanzen und die Alb-typische Silberdistel sind nur einige der Raritäten.

Nervenkitzel über Donauwellen

Die mächtigen Felsaltäre im Donautal sind legendär. Bis in die 1990er-Jahre Klettergebiet von internationalem Rang, hat das »Däle«, wie nicht nur seine Verehrer das Tal der Oberen Donau liebevoll bezeichnen, vom einstigen Nimbus des internationalen Klettersport-Hotspots zwar einige seiner grandiosen Felserlebnisse eingebüßt. Highlights wie der »Kaiserweg« am Schaufelsen, der »Panzerknacker« in der Rabenwand, der »Weg der Jugend« mit der »Opa-Kante« am Schreyfelsen oder »Großer Wahnsinn« und »Staffellauf« in den Hausener Wänden aber lassen es nicht an Magnetwirkung fehlen und gehören zu den »Must-haves« für jeden Donautalkletterer. Die legendären Klassiker von hohem Schwierigkeitsgrad, wie der »Traumfelsen« oder die »Hölle«, genießen im Klettersport genauso wie die mittelschweren und leichten Routen hohen Beliebtheitsgrad. Trotz der mit Ausweisung zum europäischen Schutzgebietsnetz »Natura 2000« vor 30 Jahren verordneten Beschränkungen stehen sie für große Leistungs-Bandbreite. Ihre außergewöhnliche Landschafts-Dramatik ist ein Erfolgsrezept.

Das Donautal ist eine der ökologisch wertvollsten Landschaften Baden-Württembergs. Darüber hinaus in mehr als hundertjähriger Tradition ein Hort solider Klettertechnik. In Zeiten von Freizeitgesellschaft und Massentourismus ist die Gratwanderung allerdings vorprogrammiert. Schließlich sind die über 500 Felsen und 300 Höhlen an den rund 40 Donauflusskilometern zwischen Fridingen und Laiz Lebensraum für seltene Pflanzen und bedrohte Tierarten. Um die Lösung eines »friedlichen Miteinanders« von Naturschutz und Erholung wurde deshalb hart gerungen: 29 Felsen sind derzeit zum Klettern freigegeben.

Bergsteiger-Glück in den Schaufelsen

Um Freizeit- und Kletterspaß möglichst reibungsfrei zu gewährleisten und gleichzeitig der Natur ihren Lebensraum zu sichern, kümmert sich heute regelmäßig der Arbeitskreis Klettern und Naturschutz in Zusammenarbeit mit Naturpark-Ranger, der AG Wanderfalkenschutz und den zuständigen Behörden der Landkreise Tuttlingen und Sigmaringen um Betreuung und Wartung der Kletterrouten.

Der scheue Freund des Falkners

Luchs Lias in seinem Unterschlupf

Nein, jedermanns Liebling ist er wirklich nicht, der Lias. Die Jäger, die Schäfer, die Landwirte haben eine Menge einzuwenden gegen seine Präsenz. Doch die Herzen aller Natur- und Tierschützer, die das seltene Glück einer Begegnung mit ihm hatten, hat er im Sturm erobert. Darunter den »Freund fürs Leben« gefunden, der ihn drei Jahre lang auf seinen verschwiegenen Pfaden im Felsen-Dickicht des Donautal-Traufes begleiten durfte.

»Lias in unserer Nähe zu wissen, bereitet ein rundherum zufriedenes Gefühl«, beschreibt Armin Hafner die Zusammentreffen mit einem der schönsten und anmutigsten Gelegenheits-Gäste des »Naturparks Obere Donau«, dessen nächtliche Fährten er nun schon über drei Jahre hinweg mit der Kamera beobachten und per Daten-Halsband überwachen konnte. Der Fachberater für Wildtiere, der im Naturpark aufgewachsen ist, hat seinem »Schützling mit den Pinselohren« 136 aufwendig ausgestattete großformatige und reich bebilderte Seiten gewidmet: »Abenteuer Luchs«. Eine Dokumentation aus hunderten von Luchs-Beobachtungen durch Wildtier-Kameras, die ihre neugierigen Linsen bis in die verschwiegensten Unterschlupfe der größten europäischen Raubkatze richteten. Sie erzählen vom Alltag eines Luchslebens, der über die Zeit auch ein Stück Normalität im Tagesablauf des Wildtier-Experten aus dem Donautal geworden ist. Entstanden ist ein Stück rund um die Uhr erlebbare Wildnis und gleichzeitig eine respektvolle

Verbeugung vor einem Geschöpf, dessen Überleben auf der Alb immer noch an einem seidenen Faden hängt.

Armin Hafner, Gründer des Wildtierinformations- und Schulungszentrums Wald, Verantwortlicher für den Luchs-Infopoint auf dem Wildenstein, als Wildtier-Experte, Jäger, Falkner, Ausbilder des Jägernachwuchses mit besonderem Akzent auf Hege und Pflege, ist in den einschlägigen Fachgremien ein geschätzter Berater. Seine Leidenschaft gilt auch privat den Greifvögeln – dass sich Uhu und Wanderfalke wieder mittlerweile in den Donaufelsen wohlfühlen, ist nicht zuletzt seiner sorgsamen Obhut zu danken. Als vor 20 Jahren mit dem ersten Wiederauftauchen des Luchses nach dessen völliger Ausrottung der erste Kuder, zehn Jahre später mit Friedl und Tello die »Luchsära im Donautal« ihren Anfang nahm, fand Hafner in der Rolle eines Botschafters und Beraters für eines der seltensten Tierarten in Deutschland zur »Rund-um-die-Uhr-Aufgabe Wildtier-Monitoring«. Damit verbunden war die große Herausforderung der Aufklärungs- und Informationsarbeit.

Um Verständnis für das Lebensrecht des Luchses zu werben, ist alles andere als ein Zuckerschlecken. Mit Luchs Lias, den es als Jungtier 2018 aus der Schweiz auf die Alb verschlagen hat, scheinen sich dank Hafners konsequenter Schulungsarbeit die Fronten allerdings allmählich zu entschärfen.

Der Wildtier-Experte mit einem seiner gefiederten Schützlinge

Mensch und Natur

Der Wanderpapst und seine Mission

Natur, Kultur und Geschichte waren seine Welt von Kindesbeinen an. Was Heimat bedeutet, weiß ein »von Herz wie Herkunft stolzer Egerländer Bauernbub« in der späteren hohenzollerischen Wahlheimat besonders hoch zu schätzen. Willi Rössler, der ehemalige Schulleiter der Sybilla-Merian-Schule, zählt nicht ohne Grund zu den besonders hochgeachteten Verantwortungsträgern Sigmaringens. Dem Pädagogen und Mentor bot sich schon in den frühen 1970er-Jahren neben der beruflich-schulischen Herausforderung ergänzend und erfüllend die private im Schwäbischen Albverein. Eine für beide Seiten höchst willkommene und vor allem auch effizient-konstruktive Plattform.

»Nicht gesucht und doch gefunden.« Über 30 Jahre hinweg stand er als Gauobmann in der Pflicht »seiner« 22 äußerst rührigen Albvereins-Ortsgruppen. Unermüdlich engagiert in Lehramt und Ehrenamt, Bildungs- und Kulturarbeit. Bis heute nimmt der mit Orden und Ehrenzeichen hochdekorierte Senior in der Öffentlichkeit wie im Albverein eine verdiente Vorbild-Funktion ein. Die einer Gallionsfigur im »Naturpark Obere Donau« steht ihm ganz sicher auch gut an. »Ein alter Oberstudienrat mag zwar mit zu viel Lob nichts am Hut haben«, wehrt er jeglichem Überschwang. Das Prädikat »gut gemacht« akzeptiert Willi Rössler aber selbstbewusst. Immerhin stehen hinter ihm hunderte Albvereins-Idealisten in zuverlässigem Einsatz für Landschaft und Natur. Für ihre Heimat. Schon lange bevor das Schlagwort vom »Wirtschafts-Tourismus« auch auf der Alb Begehrlichkeiten weckte, haben sie mit Herz, Hand und Verstand für den

Ausgleich von Erholung und Schonung gesorgt.

Willi Rösslers Erfolgsbilanz setzt dem Ehrenamt Glanzlichter. Allein das weit über tausend Kilometer umspannende Rundwanderwegenetz – in den 1980er-Jahren geplant, gebaut, gepflegt und regelmäßig auch verlässlich gewartet durch Freiwilligen-Einsätze der Vereinsmitglieder – ist ein Guthaben, das dem Portefeuille des »Naturparks Obere Donau« wohl ansteht. Ganz zu schweigen von der Vielzahl an Wochenendlehrgängen, in denen Willi Rössler über Jahrzehnte hinweg rund 500 Wanderführer höchstpersönlich ausgebildet hat, indem er sie ins »kleine Einmaleins« von Geologie, Landschaft, Vor- und Frühgeschichte der so unterschiedlichen Naturpark-Regionen rund um Europas Lebensader eingewiesen hat.

»Nur was man kennt, kann man lieben. Und nur was man liebt, wird man schützen.« Das Credo eines Pädagogen Humboldt'scher Prägung hat Willi Rössler in seinen weit überdurchschnittlich ausgestatteten Wanderführern »verewigt«. Ganze fünf Auflagen hat er jeweils der Erweiterung des Almanachs »Naturpark Obere Donau – Natur – Heimat – Wandern« angepasst und über 20 Jahre hinweg immer wieder aktualisiert, mit Fotos angereichert und damit noch so anstrengende Wegstrecken mit seinem umfassenden Knowhow gewürzt. Ein wahrhaft »bleibendes Verdienst«.

Der Vorkämpfer für ein harmonisches Miteinander von Mensch und Natur auf Exkursion an der Oberen Donau

Immer der Sonne nach

Seelenflug

Deine Seele sucht ein Leben lang
Nach einem Platz, wo sie glücklich sein kann
Sie will sich stolz und frei bewegen
Aus aller Mühsal hoch erheben

Doch ihre Flügel – gebunden und schwer –
Vom Leben und Lassen, vom Hin und Her
Winken dem Glück oft müde und schlapp
Bevor es noch anklopft, endgültig ab

Willst Du Dich wirklich damit begnügen
Soll Dich der Alltagstrott unterkriegen?
Lass die Seele lieber zum Höhenflug starten
Dann wird Dein Stern nicht vergeblich warten

Ⓝ

Von »der Eck« aufs Dach der Alb

Zuhause sein, wo andere Urlaub machen, ist ganz unbestritten ein Privileg, nämlich Lebensqualität pur. Warum die »touristische Erweckung« der Südwestalb allerdings den klassischen Refugien der Sommerfrische im Schwarzwald oder in den Alpen ganz erheblich hinterherhinkte? Ihre unermüdlichen Geburtshelfer vom Schwäbischen Albverein, die sich vor 100 Jahren schon – und bis heute unverdrossen – mit starken Waden, zupackenden Armen und heißem Herzen für die Heimat aktiv fürs Wohlfühlklima des Menschen in der Natur eingesetzt haben, brauchten wahrlich langen Atem. Aber ohne Geduld, Erfahrung und Übersicht seiner Väter wäre die touristische Wiege des Naturparks schwerlich ins Schaukeln gekommen.

Den mehr als einleuchtenden Grund dafür liefert uns die Vita des »Hauses der Natur«. Bahnstation seit 1890 erzählt es ein bemerkenswertes Kapitel Wirtschaftsgeschichte Baden-Württembergs. Es war schließlich der Donautalbahn vorbehalten, einer der industriestärksten Regionen des Landes den Weg zu bahnen. Mit jedem Schienenkilometer der Donau entlang von Sigmaringen nach Tuttlingen begann der wirtschaftliche Aufschwung heraus aus teilweise bitterster Armut zum heutigen Wohlstand. Die Arbeiterzüge an der Schwelle zum 20. Jahrhundert sind zu einem historischen Denkmal geworden: Lokomotiven des Wirtschaftswachstums, brachten sie tausende von Pendlern aus ihren Dörfern nach Tuttlingen, wo sie – zunächst vorwiegend in der Leder- und Schuhindustrie, wenig später in der Metallverarbeitung und der Fertigung chirurgischer Instrumente – Arbeit und Brot fanden.

Dass an der Wiege des sprichwörtlichen »Schwäbischen Fleißes« an alles andere als den Luxus, Freizeit und Erholung, gar Touristik gedacht wurde, nur zu verständlich. »Ma schafft.« Auf den Berg geht's ins Holz oder am Sonntag mit der Familie. Erst die Pilgermassen zur Beuroner Gnadenmutter, für die sogar extra Pilgerzüge verkehrten, ließen Ambitionen einer gewissen Gastkultur aufkeimen.

Felsen- und Burgen-Romantik. Auf Dauer ließ sich das angeborene »Gipfelstürmer-Gen« und die damit verbundene Wanderlust eben doch nicht unterdrücken. Aber bis zur »Donaubergland-Marketing- und Touristik GmbH Tuttlingen«, die heute weitgehend für den Wirtschaftsfaktor Tourismus im Naturpark einsteht, war es dann doch noch ein langer Weg. Ihrer Adresse »Am Seltenbach« war in der Anfangsphase von später so erfolgreich international zertifizierten Premiumwegen, Donauwellen- und Donaubikeland-Euphorie inklusive Vesper-Tourismus jedenfalls der kleine pikante Symbol-Charakter nicht abzusprechen. Im Naturpark bestimmte »Go West« zwar die Richtung, blieb aber zunächst dem Produktionsalltag vorbehalten.

Zeitensprung. Heute gehören die »Naturpark-Joker« im Tuttlinger Raum zum Allerfeinsten in der Tourismus-Branche. Leben, Wohnen und Arbeiten dort, wo andere Urlaub ma-

Historisch und aktuell zugleich: die Wallfahrt nach Beuron »am Zug«

chen, rangiert auf der Liste der Soft-Skills schließlich zu den Sahnehäubchen der Arbeitswelt. Gut beschildert und gewartet wird das Netz an Wegen und Pfaden im Donaubergland zwischen Tuttlingen, Hegau- und Baar-Alb und Großem Heuberg von Paten der größten Wirtschaftsunternehmen. Wusste man doch in den Chefetagen die Touristik-Anfrage positiv zu bewerten und die Ausbildungsabteilungen entsprechend zügig zu motivieren: Wege-Pflege ist schließlich Naturkunde, Freizeitspaß und Dienstleistung für die Allgemeinheit frei Haus.

Das Kräftespiel der Elemente schenkt in und um die Obere Donau einen Superlativ nach dem anderen und belohnt seine Betrachter mit atemberaubenden Augen-Blicken. Ob geologischer Krimi im Schwäbischen Grand Canyon oder Wasserkampf im Donau-Flussbett, ob Steinzeit-Ambiente im Schlucht-Hangwald oder Burgen-Zauber auf Felsen-Sporn, ob Kloster-Mystik in der Tal-Idylle oder Alpenblick auf dem Witthoh – Spiritualität ist in

Das »Tuttlinger Vorzimmer« und gleichzeitig visuell das »Tor zum Süden« ist seit jeher der Hausberg »Witthoh«. Warum, zeigt die traumhafte Aussicht von der Johannes- und Jakobuskapelle über Hattingen Richtung Hegau und die Schweizer Berge.

Der Rundblick vom Alten Berg über Böttingen erschließt sich am schönsten über den Kreuzweg. Für Kreisarchivar, Natur- und Wanderfreund Dr. Schuster einer der ungezählten Favoriten bei der Planung einer Wandertour im Kreisgebiet, dessen Flächen bis auf wenige Ausnahmen vollständig zum »Naturpark Obere Donau« zählen.

dieser Natur-Klausur im Dachgarten auf der Südwestalb und seinem prächtigen Foyer an der südlichen Donau-Flanke Richtung Bodensee immer mit im Spiel.

Nicht von ungefähr lädt Kreisarchivar Dr. Hans-Joachim Schuster die heimatkundlich Interessierten nun bereits zum zwölften Mal zur jährlichen Pilgerwanderung. Gedichte, Geschichte und Geistliches Wort in schöner Gemeinsamkeit; der Dekanatsreferent und die Autorin stehen seinem Fachwissen über Land und Leute begleitend zur Seite. So gewinnt die Fülle an Staunenswertem auch die angemessene seelische Tiefe.

Die gute Gelegenheit, den Naturpark näher kennenzulernen und dabei auch diese oder jene bislang unbekannte Perle zu entdecken, wird gerne wahrgenommen. Was für ein abwechslungsreicher Lebens- und Landschafts-, Natur- und Kultur-Raum erstreckt sich vom südlichsten »Eck« des Landkreises bis hinauf aufs Dach der Alb im äußersten Norden. Dass er zu den ganz besonderen Kostbarkeiten in unserem Ländle gehört, keine Frage. Einige darunter strahlen besonders markant heraus.

Dorf-Idyll pur: das Kirchle im Freilichtmuseum

»Der Berg« liegt hinter uns, »der See« ist nahe. Schon fächelt uns milde Föhnluft statt rauer Schönluft um die Nase. Neuhausen ob Eck ist die Wegscheide vom »ganz normalen Alltag« in die »Freiheit von der Fron«. Die allermeisten Ausflügler, die sich mit Kind und Kegel auf Freizeit programmiert haben, schicken dem Sonntagsvergnügen einen Trip ins Freilichtmuseum voraus. Eine höchst willkommene, empfehlenswerte Pause. Neuhausen ob Eck – das gilt fürs Museum wie für den ganzen Ort – ist ein Scharnier zwischen Gestern und Heute. Ein Dreh- und Angelpunkt von der Vergangenheit und ihren harten, strengen Lebensbedingungen in der bäuerlich-handwerklich orientierten Kulturlandschaft in die Gegenwart, in der die Menschen – zwar genauso »schaffig« und sparsam, aber doch längst nicht mehr so demütig und bescheiden – von den Früchten ihrer Vorfahren zehren und sie – industriell veredelt – mehren. Mit seinem lehrreichen Aktiv-Angebot ländlich-sittlicher Strukturen des Dorflebens auf der Alb und im Schwarzwald fordert das Freilichtmuseum Neuhausen ob Eck zum Reflektieren heraus. Und während die Jüngsten ihre Streicheleinheiten verteilen an die Esele, Schweinle und Zickle, findet die »Generation Ü-plus« im Abendsonnenschein das stille Plätzchen für eine Mußestunde unterm Apfelbaum im Streuobst-Garten. Am Mühlenbächle oder auf der Sommerwiese lässt sich's trefflich meditieren und sinnieren. Stichwort »Es war einmal ...«

Jetzt möchte man die Flügel breiten

Schauplatz Erdgeschichte: Dem Kindheitstrauma seiner Versickerung zwischen Baar-Alb und Hegau-Alb eben erst entronnen, hat hier ein Flüsschen aus dem Schwarzwald vor undenklicher Zeit all seine Lebenskraft gebündelt, um die zu Kalkstein zementierten Korallenbänke des Jurameeres zu überwinden. Die Kraftkörper Laibfelsen und Stiegelesfelsen zur Linken, die kallenbergseitigen Schluchtwälder zur Rechten, beißt sich die junge Donau zwischen Bettelmannsfels und Rocken-

Felsenromantik und Naturschutz umarmen sich an der Donau-Furt zwischen Ruine Kallenberg, Laib- und Stiegelefelsen

busch, Schloss Bronnen und Knopfmacher durchs Gestein. Erst zwischen Jägerhaus und Jesuitenhaus kann sie auf einer langen Geraden wieder kräftig durchatmen.

Dieser ungeheuren Kraftentfaltung nachzuspüren, ihre grandiose Ästhetik zu bewundern und Schritt für Schritt ein gewaltiges Naturwunder zu erkunden, erfordert trotz wanderfreundlicher Wege Kondition und Durchhaltevermögen. Vom Südrand des Durchbruchs auf Buchheimer Fluren präsentiert sich dieses Abenteuer Natur als wahrer »Höhenflug für Aug und Seele«. Als eine der am besten erhaltenen Ruinen im »Naturpark Obere Donau« ausgewiesen sind die imposanten Quader des Kallenberg'schen Bergfriedes ein landesgeschichtlicher Brennpunkt, um den Geschichtsschreibung und Anekdoten die mystische Aura flechten. Gleichzeitig ein Aussichtspunkt, der selbst hochgespannte Erwartungen übertrifft. Das Flussbett zu Füßen, zu beiden Seiten von bombastischer Felsenkulisse umarmt und Schloss Bronnen direkt vor Augen. Da mag man des Schauens und Staunens gar nicht müde werden.

Herz, was begehrst Du mehr? Jetzt die Flügel breiten können wie der zwischen den Wolken kreisende Greifvogel und über diesem Traum-Panorama schweben. Doch Wanderer, gemach! Für den Seitenwechsel über das Flussbett sind noch mal Kräfte zu mobilisieren, um den grandiosen Zweikampf von Fels und Wasser aus der Vogelperspektive nachzuvollziehen. Doch Achtung: »Der Stiegele« ist Naturschutzgebiet. Striktes Wegegebot. Das Klettern bleibt den Gämsen überlassen!

Blickfang am Straßenrand: das markante Symbol der Pestkreuze bei Emmingen-Liptingen

Begnadete Landschaft. Wie Wellenkämme mischt sich das Hellgrün der Wiesen mit dem dunklen Waldesgrün bis zum blauen Zackenrand der Alpen, der den Horizont begrenzt über dem Silberspiegel des Schwäbischen Meeres. Dieses Ebenmaß an Landschaft im Schutz des breiten Witthoh-Rückens ist einfach grandios.

Kein Wunder, dass sich der Dank über so viel Schöpfungsreichtum in bemerkenswerter Sakral-Architektur manifestiert: Ausladendes Barock der Hattinger Dorfkirche, futuristischer Natursteinquader der Johannes-und-Jakobus-Kapelle, idyllisches Zwiebeltürmchen der Brunnen-Kapelle, eine Vielzahl von Feldkreuzen und Bildstöcken am Wegesrand. Aus dem Emminger Talgrund grüßen von weitem die Zeilen- und die Schenkenberg-Wallfahrts-Kapelle, erstere mit einem romanischen Fresken-Zyklus, letztere mit ihrem Reichtum frühneuzeitlicher Votiv-Tafeln. Die spirituelle Vielfalt erschließt sich mit einem Blick. Und der von Heimatdichter Ludwig Finckh literarisch geprägte Begriff von »Des Herrgotts Kegelspiel« für die Hegau-Vulkane ist selbsterklärend.

Die Rast auf der Bank unterm Kreuz ist Pflicht und Segen zugleich. Mit ihrem mutigen »Ja« zur modernen Baukunst haben zwei Tuttlinger – ein namhafter Unternehmer und ein ebenso namhafter Architekt – hier zwischen Kornfeld und Kartoffelacker ein deutliches Bekenntnis dafür abgelegt, dass Spiritualität auch in unserer säkularisierten Welt noch einen hohen Stellenwert hat.

Der »Überlebenskampf« beim Urzeit-Friedwald

Im unergründlichen Grünblau des Kratersees spiegelt sich eine tief in den Basalt getriebene Wunde. Sie legt Zeugnis ab von der Bedeutung dieses Hegau-Vulkans als einstiges Abbaugebiet wichtiger Gesteinsvorkommen. Der »Höwenegg« liefert den Beleg dafür, dass Klimawandel kein »modernes« Problem ist. Vor zehn Millionen Jahren grasten in diesem mittlerweile zum Naturschutzgebiet erklärten Lebensraum seltener Pflanzen und Tiere Antilopen und Elefanten. Sogar das längst ausgestorbene Hipparion – ein dreizehiger Vorfahre unserer Pferde – lebte in diesem Urwaldparadies.

Ein »Friedwald urzeitlicher Lebensformen« am Donauwellenweg zwischen Mauenheim und Immendingen? Ihre naturwissenschaftliche Sonderstellung von europäischem Rang gibt ein spannendes Kapitel Erdgeschichte im kleinen Museum neben dem Oberen Schloss Immendingen zu erkennen. Bei aller Fantasie, das hätte man sich niemals ausma-

Über den Ausgang des »Wasserkampfes« von Donau und Rhein gibt es an dieser Stelle zwischen Immendingen und Möhringen keinerlei Zweifel mehr

len können. Und es gibt noch eine Steigerung: Keinen Kilometer entfernt spielt sich in den Jurakalkhöhlen unterm breiten Rücken des Witthoh ein geologischer Krimi ab. Ein Fluss kämpft ums Überleben. An bis zu 200 Tagen im Jahr versinkt die Donau in den Schlucklöchern ihres Flussbettes. Hier der Klima-Krimi unterm Vulkankegel. Da der »Krieg der Flüsse Donau und Rhein«. Der abwechslungsreich geführte und informativ ausgeschilderte Weg ist Naturerholung, Bildungsquelle und Denkanstoß zum »Memento mori« jeglicher Lebensdauer. Ein Wanderweg durch Zeiten und Welten stellt Fragen nach der Vergänglichkeit: Wann wohl wird ein mit Donauwasser gesättigter Vater Rhein den endgültigen Sieg über Europas Schicksalsfluss Donau davontragen?

Das Refugium Unterhölzer Wald

Baumriesen, die über ein halbes Jahrtausend hinweg Wind und Wetter getrotzt haben, stemmen ihre knorrigen Eichenpfeiler in den Himmel. Andere, der Vergänglichkeit anheimgegeben, haben sich auf dem Waldboden zu bizarren Kunstwerken verformt. Wer – vom Wartenberg kommend und den Weiler »Dreilärchen« passierend – durchs Tor beim kleinen Forsthaus die dämmrigen Baum-Hallen des »Unterhölzer« betritt, kommt in einem der schönsten und größten Naturschutzgebiete am äußersten Westen des Naturparks in diesem »Abseits von Zeit und Raum« dem ewigen Spiel von Werden und Vergehen sehr nahe.

Siebenhundert Hektar Zauberwald. Fuchs und Has, Damhirsch und Wildschwein inbegriffen. Am südwestlichen Rand glänzt, von Birkenried und Röhricht eingefasst, der silberne Spiegel des kleinen Weihers im Moor. Brutstätte und Rastplatz vieler Vogelarten trennt er Hochwald und fürstliches Jagdrevier des einstigen Wildparks von der Baarmulde. Gut vorstellbar beim Blick auf die von den Donaumäandern durchzogene Sumpflandschaft zwischen Wartenberg und Fürstenberg ist ein historisch belegtes Drama, demzufolge Kaiser Karl der Dicke auf der Jagd im Schilfdickicht einem Meuchelmord zum Opfer gefallen ist. Ein bisschen unheimlich ist es schon im »Unterhölzer« Urwald.

Sein größtes Naturschutzgebiet teilt sich der Landkreis Tuttlingen mit dem Schwarzwald-Baar-Kreis

Der Heuberg: Wo Arbeit und Freizeit sich ergänzen

Wer sagt denn, dass räumliche Peripherie, raues Klima und anspruchsvolle Topografie immer von Nachteil sein müssen? Mit dem wirtschaftlichen Erfolgsmodell der Kleinteiligkeit bilden die Dörfer auf der südwestlichen Albhochfläche zwischen den Donauzuflüssen Bära, Prim und Faulenbach ein besonders modellhaftes Beispiel: Kleine und kleinste kommunale Einheiten von 500 bis 1.000 Einwohnern markieren die Erfolgsgeschichte der Heuberg-Region mit ihrer stark ausgeprägten bürgerschaftlichen Eigenverantwortung. Die Zentralitätsbestrebungen der Gemeindereform sind hier oben ganz offenkundig an ihre Grenzen gestoßen.

»Das Bekenntnis, Heuberger zu sein, war früher Eingeständnis, Mitglied einer Schicksalsgemeinschaft zu sein, die ungünstigen natürlichen Bedingungen und angespannten Erwerbs- und Lebenslagen trotzen musste. Heute drückt dieses Bekenntnis Selbstbewusstsein und Stolz aus: Stolz, Teil einer Gemeinschaft zu sein, die aus eigener Kraft und mit festem Willen aus einer Armutsregion eine blühende Gemeinschaft machte.« Auf diese wesentliche Komponente führt der Tuttlinger Kreisarchiv- und Kulturamts-Chef Dr. Hans-Joachim Schuster eine gewisse Sonderstellung des Großen Heuberges im Naturpark zurück. Gerade so, als wäre die außergewöhnliche Topografie von Natur und Landschaft zum Vorbild fürs Funktionieren autarker gemeinschaftlicher Systeme geworden, ist es »dem Heuberg« gelungen, dem bis in die späten Nachkriegsjahre anhaltenden Ruf eines »Armenhauses der Republik« zu entkommen. Heute zählt die prosperierende Wirtschaftsregion im Donaubergland mit überdurchschnittlicher

Steuerkraft pro Einwohner zu den stärksten Umlagezahlern des Landkreises Tuttlingen.

Sonnenblumen, Kartoffeln, Raps, Mais ... Die weißen Schwingen der Windkraft-Rotoren surren darüber hinweg. Aussiedlerhöfe setzen auf Biogas und in kaum einem der Reihen-Dörfer fehlt's an Solaranlagen auf den neuen und alten Dachgiebeln. Gut ausgebaute Verbindungswege lassen selbst den Fünf-Achser ohne Probleme die Vielzahl von Verkehrskreiseln passieren. Hier oben auf dem Heuberg hat man viel investiert in eine funktionierende Infrastruktur. Die besondere Kombination von Lokalpatriotismus und Gemeinschaftssinn ist ebenso unverkennbar wie der Stolz auf gute Aus- und Weiterbildungsbedingungen.

Meine Rundreise von Tuttlingen über den Heuberg ist im Zentrum Gosheim/Wehingen angelangt, wo die industrielle Clusterbildung an der Zahl der Firmen und der Größe der Gewerbegebiete besonders deutlich abzulesen ist. Hier sticht neben der wirtschaftlichen Power auch die Komponente Freizeit-Tourismus besonders ins Auge, ohne die eine nachhaltige Prosperität heute nicht mehr denkbar scheint. Das Biathlon-Zentrum in Gosheim ist ein besonders eindrückliches Beispiel für die Findigkeit der Heuberger, Gegebenheiten in Möglichkeiten zu verwandeln.

Lembergturm grüßt Fernsehturm: Der Blick vom 1899 erbauten »Eiffelturm« auf dem höchsten Gipfel der Schwäbischen Alb gehört zu den Attraktionen im Naturpark.

Uralte Kultstätte und Wallfahrtsziel: der Dreifaltigkeitsberg

Lichte Barockseligkeit. Erhabene Naturschönheit. Mystischer Zauber. »Der Berg«, wie nicht nur die Spaichinger »ihren« Dreifaltigkeitsberg liebevoll nennen, ist seit Menschengedenken magisches Ausflugs-, Wander- und Wallfahrtsziel. Seine unwiderstehliche Anziehungskraft verdankt er mehreren Wurzeln. Wie der Bug eines Schiffes ragt der südwestliche Rand der Schwabenalb hinaus ins Land. Wenn der Föhn oder die »Schönluft« den Blick weiten, dann brennt sich das liebliche Panorama bis zum Schwarzwald und die Schweizer Alpen in Netzhaut und Seele. Und stärkt die an handfesten Funden in Wallgräben und Hügeln belegten Mutmaßungen, an einem Ort vorsteinzeitlicher Besiedlung zu weilen. An einer vorzeitlichen Kultstätte mit starker spiritueller Ausstrahlung. Baldenberg hat sie dereinst geheißen. Den Namen vom germanischen Sonnengott Baldur ableitend, mag sie vor unserer Zeit durchaus ein »heiliger Ort der Sonnenverehrung« gewesen sein, bis im 14. Jahrhundert die erste christliche Kapelle als Vorläufer des heutigen Wallfahrts-Sanktuariums entstand. Die Legende vom Schafhirten und der Rettung seiner verirrten Herde durch die Heilige Dreifaltigkeit manifestierte sich im Bau der Dreifaltigkeitskirche und dem heutigen Claretiner-Kloster zu einer der beliebtesten Wallfahrtsstätten im weiten Umkreis.

Ein Hüttle. Ein Bänkle. Ein schilf- und kolbenrohrumstandener Weiher. Den Hummelberg vor Augen, den Dreifaltigkeitsberg und seine Ausläufer im Rücken. Die Natur-Oase Dürbheimer Moos am Faulenbach kann sich mit 45 Hektar Naturbiotop schmücken. Botanische Raritäten dürfen hier ungestört vor sich hin gedeihen. Seltene Vögel und Reptilien sich wohlfühlen. Und auch der Mensch darf hier Gast sein und sich an der Pracht der gelben Irisfelder freuen, die den Egelsee im eifrigen Wettbewerb mit Binsen und Wasserlinsen, Röhricht und Schachtelhalm, Weidenbüschen und Heckenrosen so prächtig umranden. Dieses Herzstück eines Wiesenmoores zwischen Prim und Faulenbach mit seiner außergewöhnlichen Vielfalt an Moorpflanzen markiert die Europäische Großwasserscheide von Rhein und Donau besonders eindrucksvoll.

Romantische Rast am Faulenbach: der Dürbheimer Weiher

Verborgene Mystik: Der Götzenaltar

Nicht leicht zu entdecken, aber die Mühe lohnt sich

Man muss ihn suchen. Verborgenheit ist Teil seiner mystischen Aura. Gut getarnt verbirgt er sich vor dem drohenden Massenansturm allzu neugieriger Touristen. Am nordöstlichen Waldeck vielleicht, wo die letzten Schneereste in den Mulden des Magerrasens im Dickicht aus Kletten und Disteln tauen und die Gewannbezeichnung ihn dann doch eindeutig als »Zahnhölzle – Stiftungswald Böttingen« ausweist. Wie der Alte Berg bei Böttingen oder das Heidentor über Egesheim ist der Götzenaltar nahe Königsheim ein wahrlich imposantes Natur-Monument. Dem staunenden Betrachter gibt es sich erst zu erkennen, nachdem er etwa 50 leicht ansteigende Meter über ein bemoostes Geröllfeld gestolpert ist. Seine »Visitenkarte« dokumentiert auf einer Tafel des Schwäbischen Albvereins am Stamm eines mindestens 100-jährigen Nadel-Riesen, dass der »geheimnisvolle gesetzte Steinblock vermutlich ein Menhir (keltisch men = Stein; hir = lang, groß)« sei, der keltischen Priester-Astronomen um 600 vor Christi Geburt zur Bestimmung der Jahreszeiten diente. Ein »heiliger Ort«, wie es der ihm später von der christianisierten Bevölkerung gegebene Name »Götzenaltar« bekundet. Wenn die Sonne sich durch den dichten Forst gekämpft hat, millimetergenau durch die steinerne Spalte dringt und die heidnische Kultstätte in düsteres Rot hüllt, macht die mystische Vorstellung diesen Ort richtig unheimlich.

Dieser »Dachgarten« auf der Hohen Schwabenalb ist ein Paradies. Ein echtes Schmankerl auf dem Donauberglandweg. Das Wandern vom Rainen über den Wandbühl und das Montschenloch zum Bol – sie bilden die erste Vierergruppe im »Reich der 10 Tausender« – fällt ganz eindeutig unter die Rubrik »meditativ«. Reines Vergnügen ohne große Anstrengung in einer Pracht-Landschaft. Hier oben sind die Gipfel über der Tausendermarke im Lauf der Erdgeschichte zu sanften Hügeln mutiert. Erst wieder beim Erklimmen des Lemberges und später dann auf dem schweißtreibenden »Knieschnäpperle« beim Aufstieg zum Hochwald beim Biathlonzentrum Gosheim wird der (Donau-)Berglandweg seiner Begrifflichkeit wieder gerecht. Jetzt steht erst einmal Genuss auf dem Programm. Und die Verlockung, sich ganz entspannt ins bunte Wiesenbett zu legen zwischen Bocksbart und Kälberkropf, Kuckucksnelke und Storchschnabel, Knabenkraut und Schaumkraut, Salbei und Minze. Den lieben Gott einen guten Mann sein zu lassen und mit ihm gemeinsam in seiner Schöpfungsvielfalt zu schwelgen.

Vom Wanderparkplatz Ortenberg über Deilingen aus die Region der 10 Tausender zu erwandern, ist ein reines Vergnügen

Mensch und Natur

Der Minnesänger vom Heuberg

Die Höhen und die Höhlen, Waldeinsamkeiten und Wiesenparadiese des Großen Heuberges hatten es ihm angetan. Es muss eine wahrlich sehr gute Fee gewesen sein, die dem kleinen Fritz ein so überreiches Sortiment an Talenten als Lebensproviant ins Rucksäckle gepackt hat. Gepasst hat es allemal: Fritz Schray, der Schulmeister und Schriftsteller, Heimatpfleger und Wanderführer, Pflanzenkundler und Geschichtsforscher, Albvereinler und Anekdotenerzähler aus Wurmlingen, hat sich zeitlebens mit seinem schriftstellerischen Profil den Ruhm eines echten schwäbischen Originals erworben. Beobachtungsgabe, Scharfsinn und Wortgewandtheit kamen nicht nur der pädagogischen Berufslaufbahn des Schulmeisters zugute; der langjährige Gauobmann und Ehrenvorsitzende des Schwäbischen Albvereins, Lehrer und Rektor, Dichter und Berichter, Heimatpfleger und Chorleiter wusste nicht nur aus eigener Erfahrung, dass stramme Wanderwaden und Freude an Naturbeobachtung das beste Allheilmittel gegen Langeweile sind, er verstand es auch auf mitreißende Art und Weise, seine Lebensfreude an Jung und Alt weiterzugeben.

Sich mit Fritz Schray »uf em Bänkle« auszutauschen, war ein ganz persönliches Vergnügen. Quell amüsanter Anekdoten und weiser Lebensbetrachtung hat er – statt mit erhobenem Zeigefinger mit seinem gnitzen Humor – in seinen Bänden über Land und Leute, Natur und Brauchtum, Wanderführern und Gedichtbüchlein vorgelebt, was unter Heimatliebe zu verstehen ist. Bewunderung des einzigartigen Schöpfungsreichtums rundum hatte in seinen Lesungen nichts mit Weltabgewandtheit zu tun. Warum sollten Geo-Caching oder GPS keinen Platz haben neben der geführten Wanderung des Albvereins? Hauptsache, der Mensch erkennt die Natur als wertvolle Gabe, die es zu schützen und zu pflegen gilt. Begeisterung wecken für die Heimat kann nur, wer sie liebt und kennt. Und kennen lernt man nur, was man Schritt für Schritt erwandert. Den »Schweiß des Angesichts« inklusive.

»Uf em Bänkle« ist auch der ganz persönliche Reim aufs Leben aus der Feder des schwäbischen Dichters Fritz Schray. Hinter die Dinge zu schauen, um sie zu erkennen und dann zu besingen. Minutiöse Beschreibung über Standort, Struktur, Beschaffenheit und Wirkungsweise einer Pflanze und im nächsten Atemzug schon in feinsten Nuancen deren Seele sprechen lassen. Detailgenau in die Geschichte des Lembergturmes oder der Kolbinger Höhle einführen, an deren Aufbau in den 1960er-Jahren er ganz persönlich beteiligt war, und gleichzeitig in farbiger Poesie die Faszination über die Wunder der Natur mit anderen teilen.

Fritz Schray als »Minnesänger vom Heuberg« in eine gedachte

Unvergessen: Poet und Wander-Guru Fritz Schray

»Short-List der Hohen Lieder auf die Heimat« einzureihen neben so bekannte Sänger des frühen Mittelalters aus unserem Raum wie Hug von Werenwag, Graf Albert von Hohenberg oder Froben von Zimmern, ist sicher nicht verkehrt. Im Ammertal nahe der Hochburg schwäbischer Dichter und Denker geboren, an deren Spuren er von Kind an Maß genommen hat, durchwanderte er die Lehrerstationen Kolbingen, Wurmlingen und Tuttlingen wie seinen geliebten Großen Heuberg vom Hardt bis zum Lemberg, vom Klippeneck bis ins Donautal. Sein literarischer Nachlass bleibt unvergessen.

Höhenluft mit Wiesenduft

Schönheit

Möchtest ein Schmetterling sein
Dich entfalten
Aus der irdischen Hülle, der alten
Ins Sonnenlicht Dich erheben
Und zitternd das neue Leben
Mit dem ersten Flügelschlag grüßen
Schwerelos schweben

Möchtest fliegen über das Grün
Einfach nur sein
Leicht und schön in den Tag hinein
Die anderen staunend erkennen lassen
Schöpfung ist nicht zu erfassen
Nur mit Andacht und Dank
Zu genießen

Wo der Heuberg seinem Namen gerecht wird

Wenn die Weide- und Wiesenflächen auf dem Großen Heuberg, auf der Hardt oder auf der Scher nach Mahd und Öhmd ein duftendes Aroma-Heu-Meer verströmen, gibt's am Ursprung des Namens »Heu-Berg« nichts zu rätseln. High oder Heu? Ein »Heuberger« weiß das eine wie das andere zu schätzen: die Höhenlage auf den ausgedehnten Alb-Plateaus zwischen den Donau-Zubringern Bära, Schlichem und Eyach im Westen, Schmeie und Lauchert im Osten und ganz besonders die artenreiche Blütenpracht der »Flora-Fauna-Habitat-Mähwiesen«, die in ihrer herbstlichen Metamorphose als »Aromaheu« in Schochen und Schwaden, in Riedern und Ballen zweimal im Jahr die Landschaft mit kunstvoll geometrischen Mustern schmücken.

Beim »Naturpark-Gespräch« mit Landrat Günther-Martin Pauli setzen Naturvielfalt und Artenreichtum als eine besondere Kostbarkeit, die der

Die Anziehungskraft von Natur und Landschaft kennt in der Hardt und auf dem Großen Heuberg einen Namen: Gnadenweiler. An der Peripherie der Natur-Oase »Irndorfer Hardt« suchen und finden Menschen aus der ganzen Region bei der Kapelle »Mutter Europas« gastliche Aufnahme.

Naturschutz und Landwirtschaft begegnen sich: Landrat Pauli geht mit gutem Beispiel voran.

Zollernalbkreis in den »Naturpark Obere Donau« einbringt, den ganz besonderen Akzent. Von Gnadenweiler übers Irrendorfer Hardt und das Schönfeld nach Hartheim zu wandern, beschert hier am südwestlichsten Schnittpunkt der drei Landkreise Zollernalb, Tuttlingen und Sigmaringen nicht nur eine faszinierende »Rhapsodie in Grün«, sondern auch die gute Gelegenheit, einen speziellen politischen Nebeneffekt zu thematisieren.

»Gelebtes Europa« bezeichnet der Landrat die finanzielle Förderung von Zukunftsprojekten, »die auf verschiedensten Ebenen Zukunftsimpulse setzen«. Ob Naturparkfördermittel oder Europäische Leader-Projektförderung, Kommunen, Vereine, Privatinitiativen freuen sich gleichermaßen über jeden Euro. Darüber hinaus erleichtern solche öffentlichen Förderprogramme gerade in historisch gefügten Grenzregionen, wie der um die junge Donau, das Miteinander. »Hier wurden Landkreis-, ja Regierungsbezirk übergreifende Kommunikationspunkte geschaffen, die weit über die Region hinaus ausstrahlen.« Besonders eindrückliche Beispiele dafür sind aus seiner persönlichen Sicht Café und Kapelle »Mutter Europa« auf Gnadenweiler, der »Erlebnistreff Burg Oberhohenberg«, das Blumersberg-Mehrgenerationen-Freizeitgelände in Meßstetten, aber auch die »Bauernhof-Tour« in Winterlingen oder der Inklusions-Spielplatz an der Schlichem in Hausen am Tann.

Reibungsloses Miteinander im Freizeitpark Blumersberg: Wo Mensch und Tier sich friedlich begegnen.

Weidende Rinder auf satten grünen Wiesen, stetig dahinziehende Schafherden, Pferdekoppeln; überstrahlt vom blauen Himmel und durchdrungen vom frischen Heu-Aroma bietet sich Land-Idylle wie aus dem Bilderbuch. Die »Flora-Fauna-Habitat-Mähwiesen« weisen den Zollernalbkreis als einen der Landkreise mit der höchsten Biodiversität und Artenfülle aus. »Der größte Teil unserer landwirtschaftlich genutzten Flächen ist Grünland«, erläutert der Landrat mit dem entscheidenden Verweis darauf, dass diese einzigartige Kulturlandschaft über die Jahrhunderte hinweg durch bäuerliche Nutzung entstanden ist und bis heute gepflegt und erhalten wird. Das macht die Landwirtschaft zu einem ebenso unerlässlichen wie verlässlichen Standbein des Naturparks. Ob Steppenheide oder Streuobstwiese, Heckenriegel oder Wacholderheide, Goldhafer-, Glatthafer- oder artenreiche Blüh-Wiese, alles bedarf des artgerechten Schutzes und der Pflege. Ein auskömmliches Miteinander von Ökonomie und Ökologie ist dafür die Grundvoraussetzung.

Um die Landwirtschaft als unverzichtbaren Garanten der »Kulturlandschaft Heuberg« zu fördern, sind Betriebe einer Größenordnung notwendig, welche die wirtschaftliche Lebensgrundlage der Familien sichert. Im Zollernalbkreis sind das rund 800 landwirtschaftliche Betriebe, darunter noch 140 im Haupterwerb. Zahlenmäßig entsprechend ist die Anzahl der vierbeinigen »Landschaftspfleger«: Zigtausende Schafe, Kühe und Ziegen sind dafür im Rund-um-die-Uhr-Einsatz. Hühner und Gänse, Schweine, Pferde, Esel und Lamas ergänzen diesen weiträumigen »Nutztierpark«. Der ökologische Landbau floriert, ebenso die Direktvermarkter und Hofläden. Und auch das Interesse junger Menschen an der Landwirtschaft wächst wieder. Es besteht kaum Zweifel daran, dass die vielfältigen Umweltbildungsangebote von Schulen und Kindergärten sowie staatlichen und privaten Informationseinrichtungen hierzu maßgeblich beitragen. Exkursionen und Themen-Führungen bis hin zu den landwirtschaftlich ausgerichteten Aktionen wie »Gläserne Produktion« oder »Lernort Bauernhof« zeigen offensichtlich Wirkung.

»Naturkunde am lebenden Beispiel ist eine Hauptaufgabe zeitangepasster Bildung.« Als gebürtiger und passionierter »Kleiner Heuberger« die eindrucksvolle Traufkante mit den höchsten Alb-Gipfeln von Kind an tagtäglich vor Augen, verrät der Landkreis-Chef gerne noch einige seiner Lieblingsplätze: »die Balinger Berge mit der Lochen, den Oberhohenberg und den Schömberger Stausee, die bedeutenden Fossilienfundorte auf dem Nusplinger Westerberg und – besonders familienfreundlich – das Meßstetter Wildgehege.« Den ausschließlich auf die Naturpark-Bereiche fixierten Überschwang rückt er allerdings gleich zurecht: »Unser Landkreis hat viele malerische, spannende und erfrischend erholsame Ecken.«

Lebendige Naturkunde: Seit 50 Jahren ist das Wildgehege Meßstetten die Familien-Attraktion.

Hochalb-Feeling: Jenseits des Alltäglichen

Ziele jenseits des Alltäglichen sichern der »Heuberg-Stadt« Meßstetten einen der vorderen Plätze auf der Naturpark-Hitliste. Nicht nur die topografischen Extreme in bis zu tausend Metern über dem Meeresspiegel: Windumbrauste Hochflächen und felsengekrönte Gebirgstäler, steile Schluchtwälder und artenreiche Wiesenfluren, atemberaubende Aussichtspunkte und nicht zuletzt das harmonische Miteinander von Global-Playern der Spitzentechnologie und ländlich-barocker Dorf-Idylle geben der Neugier breiten Raum.

Ästhetik auf dem Meßstetter Skulpturen-Pfad

Das höchstgelegene Städtchen Baden-Württembergs, gelehnt an den steil abfallenden Trauf zum Tal der Eyach, hat als Freizeit-Region Tradition. Alpin anmutende Natur, gute Luft, raues Klima, sichere Schneelage, schnelle Erreichbarkeit sind seit jeher seine zugkräftigen Trümpfe. Vor allem Erholungssuchende aus dem Neckar-Großraum nutzen an Wochenenden die Freuden einer Frischluft-Kur auf der Alb. Meßstetten wurde im 19. und Anfang des 20, Jahrhunderts zu einem Mekka der Freilichtmalerei, ja zu einer Metapher für das »Landschaftsbild der Schwäbischen Alb«.

In ganz andere Höhen führte die Präsenz von Bundeswehr- und NATO-Einheiten. Ein Alb-Dorf wurde 1963 zu einer der größten und wichtigsten Luftwaffen-Garnisonen auf deutschem Boden. Meßstettens militärischem Stellenwert waren lediglich 50 Jahre gegönnt.

In der Meßstetter Geschichte hat die militärische Episode dennoch bleibende Spuren hinterlassen. Denn sie polsterte die Wiege der frisch aus der Taufe gehobenen jungen Gesamtstadt aus sieben benachbarten kleinen Heuberg-Kommunen nicht nur mit einigen der markantesten landschaftlichen Hotspots im Ländle, sondern auch mit dem Zuzug vieler Soldatenfamilien, die sich heute als Neubürger in der Wahlheimat wohlfühlen. Zumal mit dem großzügigen Ausbau der Infrastruktur und einem betonten Akzent auf Bildung, Sport, Familie und Arbeitsplatz eine deutliche Stärkung der Wirtschaftskraft einherging.

In ihrer »Hochburg auf der Hochalb« haben die Meßstetter, Hartheimer, Heinstetter, Unter- und Oberdigisheimer, Hossinger und Tieringer ihren Gästen hohe Freizeitwerte anzubieten. Vorrangig Natur in all ihren Variationen von alpiner Felsenwelt mit Gams und Uhu, Waldrefugien mit Steinpilz und Schwarzspecht über Fluss-Auen mit Biber und Eisvogel bis Wacholderheiden und Blühwie-

Das Meßstetter »Hochalb-Panorama« – hier der Blick ins Eyachtal – ist phänomenal

sen mit Neuntöter, Grashüpfer und Co. Und der erweiterte Verwaltungsraum mit Nusplingen und Obernheim bringt zum Waldes- sogar noch – fiktives – Meeresrauschen an der urzeitlichen Fossiliengrabungsstätte auf dem Westerberg.

Die vielfältigen Facetten der Wunderwelt Natur zwischen Lochenhörnle, Untereck und Gräbelesberg, Vogelfelsen, Heimberg, Tierberg und Torfelsen am Eyach-Trauf, die den Großen Heuberg nördlich begrenzt, und das grünblaue Jurakuppen-Wellenmeer an Schlichem, Oberer und Unterer Bära werden von drei städtisch ausgewiesenen »Hochalb-Pfaden« und zahllosen vom Schwäbischen Albverein betreuten Wanderwegen erschlossen und vom Wildgehege sowie vom Mehrgenerationensport- und Freizeitgelände Blumersberg noch getoppt. Der Wintersport wird auf Skischanzen und Loipen seiner glänzenden Tradition gerecht und sogar die Kunst hat im Skulpturenpark unterm »Meßstetter Mond« eine wirkungsvolle Bleibe gefunden.

Natur, Kunst und Kultur mit dem umtriebigen Leben und Treiben eines von Handel, Handwerk und Industrie geprägten Landstädtchens auf einen Nenner zu bringen, ist erklärtes Anliegen der Einwohner. Tausende von Arbeitsstunden der Mitglieder des Heimatvereins Kohlraisle in Sachen Naturpflege seien hier stellvertretend genannt für dieses stadtübergreifende ehrenamtliche Bürger-Engagement. Bemerkenswerte Ausrufezeichen aus der Wirtschaft setzen auch das »NaturErlebnisZentrum« der Sparkassen-Stiftung unweit des Oberdigisheimer Stausees und der »Interstuhlpfad« rund um Tieringen. Wie skulpturale Wegmarkierungen erwarten Designer-Elemente einer Weltfirma mit außergewöhnlichen Sitzobjekten die Wanderer an den schönsten Aussichtspunkten zu erholsamer Rast mit der Absicht: »Unsere Landschaft im Wechselspiel von Bewegung und Innehalten, Spannung und Entspannung, gehend, stehend oder gar sitzend genießen und dabei zur Ruhe kommen.«

In der »Region der 10 Tausender« ist er mit seinen 1011 Höhenmetern nach dem Lemberg der zweithöchste Gipfel und im Zollernalbkreis hält er sogar die Spitze. Mit dem »Erlebnistreff Burg Oberhohenberg« konnte der geschichtsträchtige Sitz der Grafen von Hohenberg dank der Mittel aus dem europäischen Leader-Programm zu einem Höhepunkt im Abenteuer auf dem Dach der Alb ausstaffiert werden. Getoppt von der grandiosen Aussicht machen Schutzhütte, Grillplätze, Spielburg und eine schwindelerregende Hängebrücke das Wandererlebnis perfekt.

Die »Blaue Lagune«: Fern der Welt und fern der Zeit

Ob Grabungsfund oder Wiesenkraut, Ruth Braun begeistert mit ihrem Wissen über die Wunder der Natur

Mit der Natur im Einklang zu sein, fällt leicht in diesem schönen Fleckchen Erde. Zwei offene Augen, Wissensdurst und Beobachtungsgabe, vor allem aber Neugier auf alles, was die Welt zusammenhält, vorausgesetzt. Ruth Braun, gebürtige Meßstetterin, in Nusplingen beheimatet und als Alb-Guide rund ums Jahr unterwegs in Sachen »Lerne Deine Heimat kennen«, kann vorgenannte Eigenschaften ergänzend bereichern mit ihrem NABU-geschulten Expertenwissen und angeborenen Kommunikationstalent. Ob sie im Buch der Erdgeschichte blättert, auf örtliche Besonderheiten verweist oder von den kleinen und großen Wundern am Wegesrand erzählt, es macht ihr sichtlich Spaß, die Freude am Wandererlebnis zu teilen und dabei ihr heimat- und naturkundliches Wissen weiterzugeben.

Die Nusplinger Wunderwanderwelt kommt der umtriebigen Ü-Sechzigerin entgegen: Eingebettet ins Buchengrün der Albkuppen am Talschluss der Oberen zur Unteren Bära ist die frühgeschichtliche Besiedlung um das landesweit einmalige Kulturdenkmal der Friedhofskirche Peter und Paul beschattet auf fast 1.000 Metern über dem Meeresspiegel vom Westerberg mit seinem spektakulären »Nachlass« prähistorischen Lebens in der Lagune des Jurameeres. Seit 20 Jahren schon bestens konditioniert fürs »Abenteuer Naturpark« bietet Ruth Braun im Rahmen des Alb-Guide-Programmes jährlich zwölf bis 20 Wanderungen quer durch alle Jahreszeiten an; jeweils selbst ausgewählte thematisch aufbereitete Touren. »Da kommen schon einige Wanderkilometer zusammen. Der Schweiß tropft und die Muskeln zwicken gelegentlich. Doch so Glückstreffer wie ein Neuntöter auf den Lesesteinriegeln der Hecken, ein Schwarzstorch in den Galgenwiesen, seltene Orchideen im Irndorfer Hardt, eine Eichenlaub-Radspinne, eine Kreuzotter, ein Tintenfischpilz oder ein zinnoberroter Becherling – die Reihe wäre endlos weiterzuführen – machen die kleinen Blessuren wett. Hauptsache, für meine Gäste war es ein Erlebnis.«

Heute führt mich Ruth Braun »ins absolute Highlight der Hohen Schwabenalb«, ein geologisches Refugium von Weltgeltung. Vom reichen Leben im Meer der späten Jura-Zeit

Eine schwere, aber erfüllende Arbeit für die Wissenschaftler und ihre Helfer

vor etwa 150 bis 200 Millionen Jahren wüsste die Wissenschaft ohne die Fossilienfunde aus den Plattenkalken nämlich recht wenig. Der »Nusplinger Plattenkalk« hat sich mit den beiden Grabungsstätten Egesheim und Nusplingen auf dem Westerberg neben den weltbekannten Fossilienlagerstätten im Altmühltal vor allem durch die neuen Grabungen im Rampenlicht von Wissenschaft und Öffentlichkeit etabliert. Anfang des 19. Jahrhunderts von einem Nusplinger Arzt etwas später als der heute noch zu Bauzwecken genutzte fossilienfreie Kolbinger Plattenkalk entdeckt, bestätigte der renommierte Jura-Geologe Quenstedt anhand aufsehenerregender Funde von Flugsaurier, Meereskrokodil oder Meerengel seine wissenschaftliche Dominanz. Die Nusplinger Fossilienstätte ist ein Schlüsselloch in die Erdgeschichte; wissenschaftliche Grabungen, Unterschutz-Stellung der Fundstätte und Eingliederung der ausgezeichnet erhaltenen Artefakte in Museen und Sammlungen – unter anderem ins Königliche Naturalienkabinett, (Staatliches Museum für Naturkunde) – liefern heute jedem Interessierten den Beweis dafür. Beeindruckend. Ehrfurchtgebietend fordern sie Respekt und Achtung vor einer Schöpfung, deren Vielfalt wir nur erahnen können.

Fast so spektakulär wie der Blick auf die Fundstücke selbst ist die Wanderung zum Nusplinger Steinbruch. Alb-Natur pur: Rund 43 Hektar Wiesenfläche, umgeben von Wald-Dickicht, durchzogen von Hecken und Steinriegeln, als Naturschutzgebiet offiziell ausgewiesen wegen seiner enormen Pflanzen- und Insektenvielfalt, in die sich – einer großflächigen Doline gleich – die teilweise folienbedeckten Grabungsflächen am Grund der steilen seitlichen Abbruchkanten nahtlos eingliedern.

Inspiriert von Ruth Brauns lebendiger Schilderung braucht es auf dem zehn Kilometer langen geologischen Lehrpfad nicht viel Fantasie, sich hier statt Wiesengrün eine tropische Lagune vorzustellen. Südsee-Feeling fern der Welt und der Zeit: eingebettet ins flache Jurameer, umgeben von bewaldeten kleinen Inseln ein natürlicher Lebensraum für Vögel, Saurier, Reptilien, Meeresgetier. Der rochenähnliche Hai namens Meerengel, die zierlichen Seelilien, Riesenlibellen, Seeigel, die Farne, Araukarien und Palmwedel – ein wahrlich üppiger Garten Eden fern der Welt und der Zeit. Vielzahl und Vielfalt der Funde – von den Grabungs-Experten und Präparatoren minutiös aufgelistet – summieren sich mittlerweile auf mehr als 350 verschiedene Pflanzen- und Tierarten und lassen auf reiches, vielgestaltiges Leben schließen.

Mal friedliches Miteinander. Meist aber Überlebenskampf. Die ockerfarbenen Jura-Kalkplatten – akkurat übereinander gestapelt an einen überdimensionalen Blätterteig erinnernd – geben Schicht für Schicht in mühsamer Handarbeit ihr geheimes Innenleben frei. »Hier oben wird mit Hammer und Meißel im Buch der Erdgeschichte geblättert«, zitiert Ruth Braun aus dem Buch »Im Reich der Meerengel« der beiden Grabungsleiter Gerd Dietl und Günther Schweikert. In ihren Stolz darauf, sich das Vertrauen der Wissenschaftler erworben zu haben, mischt sich dabei unverkennbar auch eine ordentliche Portion Nusplinger Selbstbewusstsein. Die dramatische Saga vom Leben in grauen Vorzeiten wurde schließlich im Wesentlichen erst und ausschließlich im Plattensteinbruch auf dem Westerberg verifiziert. Signiert bereits von einem winzigen Federle des Urvogels Archaeopteryx ist sie allerdings noch längst nicht zu Ende geschrieben.

Schlichem-Zauber: Hinter den Balinger Bergen

Die Balinger Berge beschatten das stille Tal der Schlichem

»Bei uns gibt's nur schöne Ecken!« Fülle und Vielfalt beeindruckender Ziele im »Naturpark Obere Donau« erlauben derart selbstbewusste Nabelschau nicht nur, sie fordern sie geradezu heraus. Ein Paradebeispiel beschert uns das Obere Schlichemtal. Es wäre eine touristische Unterlassungssünde, dieses zauberhafte landschaftliche Kleinod einfach links liegen zu lassen. Mit der Lochen-Pass-Straße über die Balinger Berge – die älteste und traditionsreichste Magistrale zwischen Württemberg und der Schweiz – hatte die Schlichem im Wettstreit mit der Bära zwar bereits an der Europäischen Wasserscheide zu Tieringen unweit ihrer beider Wiege die rote Karte gezogen. Allerdings nur rein verkehrstechnisch. Ihrer Anziehungskraft als still verträumte Erholungslandschaft mit alpin-ländlichem Charme hat das nicht geschadet. Das geschichtsträchtige Dörfchen Hausen am Tann und seine

Jura-Geologie wie aus dem Lehrbuch begleitet die Fahrstraße zwischen Hausen am Tann und Ratshausen

Nachbarkommune Ratshausen führen mit Schömberg als einer der kleinsten Städtle im ganzen Ländle abgewandt von der Alltagshektik ein ganz besonderes Eigenleben.

Der Fluss, der Weg, der Berg. Auf engsten Raum zusammengerückt windet und schlängelt und kurvt sich ein Sträßle durch ursprünglich gebliebene Natur und liebevoll gepflegte Ansiedlungen. Viel Platz zum Siedeln war hier nie, denn es geht vom engen Talgrund, der sich der Breite des Flüsschens angepasst hat, immer steil nach oben. Hinauf über die sattgrünen Wiesen und die nachtdunklen Forste bis zu den kalkweißen Felstürmen und Schotterfeldern.

Die Balinger Berge – eine der markantesten von Weißjurakalk gekrönten Berggruppen der Schwäbischen Alb – zeigen auf ihrer Rückseite ein eher abweisendes Profil. Und mit einer Lektion Erdgeschichte trägt die Schlichem zu dieser prägenden Kontur maßgeblich bei. Vom 33 Kilometer langen gut beschilderten Weitwanderweg begleitet, nehmen dessen erste zwei Etappen diese Eigentümlichkeit bereits voraus: das noch schmächtige Alb-Flüssle überrascht mit Jura-Geologie wie aus dem Lehrbuch. Der charakteristische Wechsel von harten und weichen Schichten der Oberen Opalinuston-Formation, benannt als »Wasserfall-Gesteinsschichtung«, ist in mehreren Kaskaden deutlich sichtbar.

Wenig später präsentiert der Blick nach oben gleich das

nächste Kapitel Erdgeschichte: den »Ratshausener Schlipf«. 1851 hatte ein Bergrutsch an der Südkante des Plettenberges die Felskante auf dem weichen Untergrund aus Mergel- und Ton-Schichten Richtung Schlichem abgleiten lassen. 2013 folgte der zweite Akt. In einer Vorfrühlingsnacht wurden die Ratshausener vom »dumpfen Grollen« beim Niedergang von rund 300 Quadratmetern Sturzmasse auf einen talseitigen Forstweg hochgeschreckt. Die Schäden waren überschaubar. Doch die weithin sichtbaren Geröll-Bänder der Fels-Narben und -Schrunden an der Abrisskante – ein bedeutsames Teilstück des Naturschutzgebietes »Plettenkeller« mit seiner ebenso reichhaltigen wie seltenen Flora und Fauna auf den Heideflächen und dem naturnahen Wald – halten die Naturgewalten stets präsent.

Die mächtigen blaugrün geschwungenen Rücken von Lochenhörnle, Lochenstein, Schafberg und Plettenberg gen Nordosten, Ortenberg, Rainen, Bol und Montschenloch gen Südwesten umgürten das abgelegene Albtälchen wie die Zinnen eine prächtige Burg. Märchenhaft. Phantasieanregend. Romantische Betrachtungen kommen der überlieferten Historie sogar sehr nahe. Legenden, Urkunden, Grabungsfunde können sowohl volkskundlich wie wissenschaftlich gestützt bestätigen, dass sich Homo sapiens auf und unterm Lochenstein seit Urzeiten wohl fühlte. Nicht nur Kelten, Römer und Alamannen haben auf dem Dach der Alb bemerkenswerte Spuren hinterlassen, sogar die »alten Rittersleut« waren hier präsent. Und wie.

Ein Abstecher zum einstigen Schlössle und Rittergut Oberhausen ist zur Beweisführung höchst empfehlenswert, bevor man sich im überregional geschätzten Ratshausener Gastro-Tempel ausgiebig stärkt, dann wieder aus der Talenge befreit und in Schömberg auf den zum Rückhaltebecken aufgestauten Schlichemwellen schaukelt. Oder schon mal

Heute Privatbesitz, vormals Rittergut und Land-Schlössle: der Oberhauser Hof

im Vorgriff auf die Begegnung mit den düsteren Seiten der Geschichte im barocken Wallfahrtskirchle auf dem Palmbühl der unvergessenen Schandtaten gegen die Menschlichkeit gedenkt. Auch damit weiß man im ansonsten so lebensfreudigen Städtle an der Schlichem souverän umzugehen.

Württembergs schöne Wilhelmine

Ein Lustgarten auf der »Rauen Alb«? In einer Gegend, die als »Schwäbisch Sibirien« eher zum Dauerfrösteln anregt als zu mediterraner Lebensart, kaum vorstellbar. Doch Liebschaften machen bekanntlich auch Unmögliches wahr. Zumal wenn sich der höchste Adel im Land darin ergeht. Die schöne Gräfin Wilhelmine von Grävenitz hatte nicht nur das Herz, sondern auch Hand und Geldbeutel des Herzogs Eberhard Ludwig von

Das württembergische Liebesdrama verdämmert heute in der Waldeinsamkeit auf einer Ruhebank hoch über dem Tieringer Skilift Oberstocken und dem Hausener Käppele

Württemberg gewonnen. Eine Doppelehe konnte aber weder im Sinne seiner Frau, Herzogin Elisabeth, noch seiner Landeskinder sein. Die Ehe wurde annulliert, die Gräfin des Landes verwiesen. Sie suchte in Schaffhausen Zuflucht. Doch Gefühle gehen bekanntlich unerwartete Wege. In unserem Fall führten sie das Liebespaar an einen eher außergewöhnlichen Schauplatz des Geschehens, der dem Albdörfchen Hausen am Tann bis heute einen bemerkenswerten Platz in der Landesgeschichte sicherte. Verwunderlich, aber erklärlich, beurkunden die Chronisten. Denn das Rittergut »Oberhauser Hof« im Schatten von Wenzelstein und Lochenstein – einstiger Herrensitz der Edelfreien von Winzeln und im Lauf seiner tausendjährigen Geschichte zu einem Schlössle mit Kapelle, Gutshof und besagtem Lustgarten ausgestattet – liegt nahe des uralten Fernweges »Schweizer Straße« und kam den Interessen des Paares bestens entgegen. Auf herzoglichen Befehl schloss die Gräfin eine Scheinehe mit Landeshofmeister Franz von Würben; Anstand und Würde des Hauses Württemberg blieben damit für den König und seine Mätresse gewahrt. Der nach den Annalen vom Tieringer Pfarrer an einem Januar-Wintertag 1711 in aller Herrgottsfrühe geschlossene »Bund fürs Leben« hielt freilich ebenso wenig wie die guten Tage im Lustgarten unter der Lochen.

Von deren glorreicher Vergangenheit weiß heute nur noch eine Schautafel am Tal-Trauf Richtung Obernheim zu berichten. Mit traumhafter Aussicht auf eine legendäre Örtlichkeit.

Das »Unternehmen Wüste« macht sprachlos

Wegschauen geht nicht. Auch wenn die harten Kontraste wehtun: Der Blick nach oben in eine Landschaft, der die höchsten Berge der Alb von der malerischsten Seite zeigt. In Augenhöhe ein Wald steinerner Kreuze, die den Begriff »Grauen« in Farbe, Form und Vielzahl mit einer in dieser Dimension bislang nicht gekannten Deutung belegen. Und keine vier Fahrkilometer weiter nördlich der Gedenkpfad »Eckerwald«. Hier wird die Erinnerung an das Ölschieferwerk »Wüste 10« des Nazi-Regimes wachgehalten, das als »Orgie der Unmenschlichkeit« die Geschichte des nördlichen Alb-Traufes mitprägt.

Unbegreiflich. Doch auch mit dieser schmerzhaften Scharte an seiner nordwestlichen Flanke muss der »Naturpark Obere Donau« leben wie beispielsweise auch mit der latenten Gefahr, dass der mächtige Plettenberg als einer der höchsten Albberge im Zollernalbkreis doch irgendwann einmal gewinnbringendem Abbau zum Opfer fallen könnte.

Stichwort Ölschiefer. Sein Vorkommen geht auf die Tier- und Pflanzengesellschaft des Jurameeres zurück, welches sich vor 150 Millionen Jahren an Stelle der heutigen Alblandschaft befand. Der industrielle Abbau dieser reichhaltigen Fossilien liefert bis heute wichtige Rohstoffe. Weil die motorisierten Truppen in den letzten Kriegsmonaten vom eklatanten Treibstoffmangel gebremst waren, wurden verschiedene Versuchsanlagen – eben auch in Schömberg und Schörzingen – zur Ölgewinnung installiert. Zwangsarbeiter für die Knochenarbeit in den Fabrikanlagen wurden aus dem KZ Natzweiler-Struthof im Elsass 1944 ins Albvorland verfrachtet, um dann im bis zu 18-Stunden-Arbeitstag zu schuften. Zeitweilig waren über 1.000 Häftlinge im Schörzinger-Lager eingesetzt, das ursprünglich für 200 Insassen ausgelegt war.

»Die Sinnlosigkeit des Unterfangens wird an den Ertragszahlen deutlich. In Schömberg gewann man mit dem ›Meilerverfahren‹, wie es auch in Eckerwald zum Einsatz kommen sollte, aus 96 Tonnen Gestein eine Tonne kaum verwertbares Öl«, wusste der Kreisarchivar des Zollernalbkreises bei einer Gedenkfeier mit Übergabe eines Totengedenkbuches in der Kapelle des KZ-Friedhofes zu verdeutlichen.

Wie gründlich die Grausamkeiten der Bewacher, katastrophale Arbeitsbedingungen, kärglichste Verpflegung, Kälte und drangvolle Enge ihr Schreckenswerk verrichteten, bleibt nicht verborgen. Auch wenn die Zahl der Todesopfer weit über die namentlich Erfassten hinausgeht, lassen Totenbuch und Totentafeln, Aufzeichnungen und mehr noch die Erinnerungen über das unsagbare Leid der aus vielen europäischen Nationen zusammengewürfelten KZ-Zwangsarbeiter nicht im Zweifel.

Keine Frage: Grausamkeit und Unmenschlichkeit des Systems haben sich im »Unternehmen Wüste« potenziert. Angesichts der Konfrontation mit dem damaligen Geschehen verschlägt es einem zunächst die Sprache. Doch die offene und klare Aufarbeitung des dunkelsten Kapitels unserer Geschichte gibt wichtige Denkanstöße mit auf den Weg.

Schörzingen ist Pflicht. Nicht nur für Schulkinder.

Der KZ-Friedhof Schörzingen und der Gedenkpfad »Eckerwald« halten die Erinnerung an ein grauenvolles Kapitel deutscher Geschichte wach, das seinen Anfang nach Ausbruch des Zweiten Weltkrieges nahm. Der Schieferölgewinnung kam erhöhte Bedeutung zu, um den immensen Mineralölbedarf der deutschen Militärmaschinerie zu decken. Am Rande der Schwäbischen Alb wurden in Frommern, Schömberg und Schörzingen Versuchsanlagen zur Ölgewinnung eingerichtet. Zwischen 1942 und 1943 fielen beim Einsatz unter unmenschlichen Arbeitsbedingungen Häftlinge aus zahlreichen europäischen Ländern dem grauenvollen Geschehen zum Opfer.

Hoch hinaus in Winterlingen: Die Erde ist doch eine Scheibe

Der Schultes höchstpersönlich setzt den Stolz auf seine prosperierende Kommune im Naturfreibad trefflich ins Bild

Winterlingen und seine Teilorte liefern eine mehr als plausible Erklärung für den touristischen Terminus »Leuchtfeuer«. »Hier fließt buchstäblich Milch und Honig.« Kein Geringerer als Albert Einstein hat das überschwänglich nach seinem ersten Besuch in Benzingen notiert. Dort hatte er mehrfach im von Barock-Baumeister Bagnato erbauten Pfarrhaus die Gastfreundschaft seines Freundes, des geistlichen Rates und Mitglied des Preußischen Abgeordnetenhauses Camillo Brandhuber, genossen. Beeindruckt nicht nur von der nahezu unendlichen Rundsicht eines Landschafts-Panoramas auf der von Wiesen und Feldern durchzogenen Hochebene, die den ungestört freien Blick auf die drei Kirchspiele gewährt, bevor sie sich – südlich und westlich vom Alpenrand begrenzt – im blauen Dunst verliert.

Ihren Planetenweg halten die Winterlinger in Ehren. Wie das Naturfreibad, den »Central Park«, den Benzinger Wasserturm und die Bauernhoftour rund um Harthausen gibt er seine außergewöhnliche Geschichte erst bei näherer Betrachtung zu erkennen. Im ansonsten eher bescheiden-genügsamen Erscheinungsbild einer Alb-Gemeinde wie alle anderen, die sich mit der Nebenrolle durch

Sehenswerter Mittelpunkt einer Hochfläche zwischen den Albtälern der Schmeie und der Lauchert: der Wasserturm Benzingen

eine komfortable Ortsumfahrung zufriedengeben müssen, sollte man die – wenn auch zeitaufwendige – Ausfahrt allerdings nicht verpassen. Denn das »Hochsträß«, wie die historische Römerstraße vom Unterland ins Oberland mehr als treffend genannt wird, birgt bemerkenswerte Überraschungen.

Die Erde ist doch eine Scheibe. Jedenfalls auf dem Winterlinger Planetenweg. Bei der Blättringer Brücke über die B 463 wartet schon Neptun, der kleinste Erdtrabant unter den großen Himmelskörpern. Die Aussicht ist grandios. Wie eine Tortenplatte präsentiert sich dieses zauberhafte Fleckchen Erde »auf der Scheer« dem Auge. Für alle Generationen begehbar und auch in den Wintermonaten geräumt, ist der mit anschaulichen Schautafeln bestückte »Astro-Lehrpfad« – maßstabsgetreu und dreidimensional unser Sonnensystem abzeichnend – ein guter Ort, über die Freundschaft der historisch so bedeutenden Gestalten des Wissenschaftlers und des Politikers zu sinnieren. Ein passenderer Standort für den »Raum-und-Zeit-Pfad« entlang der alten Römerstraße als dieses weite Plateau, das sich um den markanten Wasserturm auf dem Benzinger Hungerberg als Mittelachse dreht, ist kaum vorstellbar. Was für ein Überschallflug durchs Weltall. Diese Wanderung als eine besonders sinnige Reverenz an einen der ganz Großen unserer Zeiten zu

verstehen, hat weit mehr als lokalpatriotischen Charme.
Die nächste Station auf der Winterlinger Erkundungstour schon eher. Im größten und einem der ältesten Naturfreibäder Süddeutschlands erwartet mich die größte Kolonie einer stark gefährdeten Amphibien-Spezies: 5.000 Kamm-Molche teilen sich in den Sommermonaten mit den Badegästen die »Winterlinger Wasserwelten«. Auch sie haben eine nicht ganz alltägliche Geschichte. In den frühen 1930er-Jahren von einem langjährigen Schultes durch den Arbeitsdienst buchstäblich aus dem Boden gestampft, sollten sie die überregionale Bedeutung eines wunschgemäß von Stadtrechten zu krönenden »Luftkurortes Winterlingen« stärken. »König Otto«, wie der von 1929 bis 1940 amtierende legendäre Bürgermeister Otto Butz sich nicht ungern von seinen Bürgern genannt wusste, hatte den Ort zwar mit seinen ehrgeizigen Aktivitäten wie Unternehmens-Ansiedlungen, Turn- und Festhalle, Freischwimmbad und im Bau befindlichen neuen Rathaus aus seinem ländlichen Dornröschenschlaf ins Industriezeitalter gepuscht. Der Antrag auf Stadterhebung verfiel allerdings der kategorischen Ablehnung durch die Landesregierung. Enttäuscht dankte er ab und verzog sich ins Badische. Die Bürger dankten ihm für den Aufschwung ihres »Fast-Landstädtchens« dennoch mit ehrendem Gedenken und dem bleibenden Denkmal einer nach ihm benannten Straße.

Wenn schon kein Schloss, dann wenigstens ein feudales Rathaus. Wer die Winterlinger »Schultes-Etage« aufsucht, kommt ins Staunen. Allein das dominante Foyer und die breite herrschaftliche Wendeltreppe bezeugen: »Man hat was, man ist was.« Das Winterlinger Rathaus ist außen wie innen ein repräsentativer Vorzeigebau, der seinesgleichen sucht. Zum herrschaftlichen Ambiente trägt nicht unwesentlich der Park bei, der mit Springbrunnen, Gedenkplatte, Linden und Kastanien das Bauwerk mit einem ebenso feudalen »Foyer in Grün« schmückt. »Solange Gras wächst und Wasser läuft für das Wohl und freien Eingang jedem Menschen, der sich gut beträgt« – hat der großzügige Spender als Dauer-Stiftung verfügt mit ausdrücklicher Einschränkung, dass sich »irgendetwas verändert oder als Bauplatz verwendet wird«. Vermutlich angeregt vom Central Park in Manhattan, hat der mit Pelzhandel zu Vermögen gekommene Winterlinger William Keinath (1828–1889) seiner Heimatgemeinde nicht nur dieses bleibende Geschenk einschließlich Pflegekosten vermacht, sondern auch zigtausend Dollar für die Errichtung eines »Hauses für Arme und Kranke«.

Dieses »Wohltätigkeits-Gen« scheint Schule gemacht zu haben. Charity ist in Winterlingen nicht nur ein Modewort. Die industrielle Blüte der Textilindustrie des 20. Jahrhunderts – längst vergangen und gut überstanden – führte zu einem sichtlich gepflegten Ortsbild und selbstbewussten Auftritt von Handel, Handwerk, Produktionsstätten und landwirtschaftlichen Gehöften. Ehrgeiz, Bekanntheitsgrad und Weitsicht von Akteuren und Aktionen strahlen medienwirksam über die Ortsgrenzen hinaus.

Landschafts- und Landwirtschafts-Idyll Harthausen auf der Scher

Mensch und Natur

»Die Natur ist für uns alle da«

Siegfried Ostertag verkörpert weit über »seinen Sprengel« hinaus das Idealbild eines Forstmannes alter Schule. Doch Romantik à la »Förster im Silberwald« liegt ihm fern. Nahezu 30 Jahre hinweg hat er Verantwortung getragen für den Staats- und Kommunalwald in Balingen, Meßstetten, Nusplingen und Obernheim sowie den Bundeswald-Bestand auf dem Truppenübungsplatz. Sein Amt in Kombination mit der ehrenamtlichen Zusatzaufgabe des Naturschutzbeauftragten des Zollernalbkreises haben ihn allerdings immer vor einseitig verengtem Blickwinkel auf die »Bilderbuch-Idylle Wald« verschont. Das hat sowohl der Zusammenarbeit mit den Kommunen und der Landwirtschaft gutgetan und kam zugleich den Interessen der Naturparkgründer sehr entgegen. Dem naturgegeben zwangsläufigen Gerangel um Flächenverbrauch – hier Ausweisung von Baugebieten für Gewerbe, Wohnen und bäuerliche Bewirtschaftung, dort Arten- und Naturschutz – hat die immer auf vernünftigen Ausgleich bedachte Stimme des Balinger Forstdirektors und vor allem sein persönliches Engagement oft die Brisanz genommen.

Mitinitiator und Vorbild für aktive Beteiligung an den regelmäßigen großen Landschaftspflege-Aktionen vom Irrenberg über die Lochen und den Schafberg wie die Nusplinger Heckenaktion oder der Einsatz in den Wacholderheiden des Heimbergs zählen auch im Ruhestand noch zu den Fix-Terminen in seinem Jahreskalender wie dem einer verlässlichen Schar freiwilliger Helfer. »Nicht nur von Naturschutz sprechen, sondern selber mit anpacken, wenn's drauf ankommt«, lautet sein Credo. Dass sich bei all der aktiv vorgelebten Überzeugungskraft so manch herzhafte Auseinandersetzung nicht vermeiden ließ, liegt in der Natur der Sache. »Von Artenschutzprogramm über Ausweisung von FFH-Gebieten und Ackerrandstreifen über Flurneuordnung bis Windkraft fehlt es nicht an heißen Eisen«, schmunzelt er bei unserem Naturpark-Stelldichein auf einem seiner Lieblingsplätze, dem Bänkle am Rappenfelsen zwischen Obernheim und Tieringen.

Das Verständnis für das Existenzrecht der Natur in der breiten Bevölkerung beurteilt Ostertag, der sein Amt als Naturschutzbeauftragter 2020 offiziell aufgegeben hat (»als angehender Achtziger sicher nicht zu früh«), allerdings rückblickend im Vergleich zu den Anfangsjahren auf dem Vormarsch. Heute behindern eher unnötige Verordnungen und Vorschriften das gemeinsame Anliegen. An die legendäre Gründungsstunde des »Naturparks Obere Donau« erinnert sich Ostertag mit spürbarer Genugtuung und Zuversicht: »Was im November 1980 bei Schneesturm und Eiseskälte auf Burg Wildenstein im Beisein von Landwirtschaftsminister Weiser von Bürgermeistern, Amts- und Verbandsträgern schriftlich besiegelt wurde, ist besser gelungen als erwartet.«

Das Lochen-Kreuz – ein Lieblingsplatz des Forstmannes

Königswege: Das lebendige Geschichtsbuch

Fluss des Lebens

Ein Vogelruf – ein schwacher Duft
Ein zartes Wehen, das die Schläfen kühlt
Mich aus den Träumen weckt
Und innehalten lässt

Vor mir der Fluss, der seine Wege zieht
In ruhigem Strom der Mündung zu
Kennt er das Ziel, dem er entgegenstrebt
In unablässiger Bewegung ohne Ruh?

Er wird von unbekannter Kraft geleitet
Weiß selbst um seine Ufer nicht
Und auch nicht um die Schönheit
Die sich hinter ihnen breitet

Ob auch mein Dasein wie das Wasser
Stetig strömend einem Ziel entgegentreibt
Als Teil des Ganzen, das da Leben heißt
Und dessen Sinn mir doch verborgen bleibt?

An der Lauchert: Das »Fürsten-Flüssle« weiß viel zu erzählen

Unmittelbar nach dem Höhenflug im »Winterlinger Orbit« abzutauchen ins »Tal der Lauchert«, entspricht ganz der Naturpark-Programmatik. Im Landkreis Sigmaringen ist diese spannungsreiche Szenerie mit ihren teilweise abrupten Übergängen vom Berg ins Tal, von Fels zu Fluss, von Landschafts- zu Siedlungsräumen besonders ausgeprägt. Und die naturgegebene Vielfalt dieses »hohenzollerischen Raritäten-Kabinetts« putzt sich immer wieder zusätzlich heraus mit außergewöhnlichen kulturellen Akzenten. Ein besonders bemerkenswerter begegnet uns beim »Blitz-Besuch« im Alten Schloss zu Stuttgart.

Der Gammertinger Spangenhelm

Das Augenmerk gilt dem »Mann mit dem Goldhelm« aus dem Gammertinger Alemannenfriedhof und selbstverständlich auch den Keltenfunden der Heuneburg, die auf meiner Naturpark-Hit-Liste im Landkreis Sigmaringen eine Pole-Position einnehmen und schon einige Zeit darauf warten, angemessen bestaunt zu werden. Quasi im Vorübergehen begegnet mir die völlig unerwartete »Dreingabe«: der früheste, nahezu vollständig erhaltene, archäologische Bodenfund Deutschlands. Auf Winterlinger Markung 1609 an der Nahtstelle zum Hohenzollerischen geborgen und wenig später in die »Württembergische Kunstkammer« eingereiht, konnten sich die Grabungsfunde zu damaliger Zeit schon als wertvolle Sammlungsstücke der besonderen königlichen Aufmerksamkeit sicher sein. Bezeugen die aus dem 9. Jahrhundert vor Christus stammenden Sicheln, Rebmesser und Beile doch bis dato völlig unbekannte Kulturtechniken aus der späten Urnenfelderzeit. Heute absolute Schaustücke der Abteilung »Vorrömische Metallzeiten« im Landesmuseum, lassen sie auf ihre handwerkliche wie bäuerliche und kultische Nutzung ebenso schließen wie auf die frühe Besiedlung der Alb-Flächen und -Täler. Dass es sich bei dem Winterlinger Bronze-Fund, neben einem um die gleiche Zeit geborgenen Schmuckfund bei Asperg, um die ältesten und einzigen archäologischen Bodenfunde Deutschlands aus dieser Zeit handelt, gibt dem musealen Abstecher nach Stuttgart die besondere Würze.

Erdgeschichte, Urgeschichte, Frühgeschichte, getoppt von der Genealogie gräflicher, fürstlicher, ja königlicher Adels-

Maria Berg – das imposante ehemalige Frauenkloster dominiert nicht nur Landschaft und Natur, sondern mit seinen Bildungs- und Ausbildungs-Angeboten in der Jugend- und Behindertenhilfe des Diakonischen Werkes auch den Sozial-Sektor weit über die Region hinaus

häuser. Allen voran die Hohenzollern als eine der ältesten und bedeutendsten Adelsdynastien Deutschlands. Das kleine, träge und still dahinmäandernde Albflüsschen Lauchert ist schon ein ganz besonderes »Fürsten-Flüssle« und kann uns viel von »anno dazumal« erzählen. Das um 1900 zufällig bei Bauarbeiten an der Hauptstraße in Gammertingen entdeckte, prunkvoll ausgestattete alemannische Fürstengrab passt perfekt in die Story. Denn fürstlich ging es immer schon zu am »gekrümmten Fluss«, der auf der Mittelalb im mystisch-romantischen Einzugsbereich von Bären- und Karlshöhle unweit des legendären Schlosses »Liechtenstein« die württembergische Haus- und Hof-Geschichte von ihrer poetischen Seite repräsentiert.

In ihrem 60 Kilometer langen Lauf windet sich die Lauchert von Umlaufberg zu Umlaufberg zwischen Kloster Mariaberg und ihrem spektakulären Knick im Bittelschießer Täle, das der kleinen Donauschwester nicht von ungefähr den Titel eines »kleinen Schwäbischen Grand Canyons« eingebracht hat, um schließlich über Bingen zur Donaumündung in Sigmaringendorf zu gelangen. Vorbei an monumentalen Burgen, Schlössern, Natur-, Kloster- und Kirchen-Denkmalen, durch Städtchen wie aus dem Bilderbuch. Kräftig unterstützt von der kleinen Schwester Fehla, die – wie es sich unter Adelstöchtern gehört – als Mitgift nicht nur ein Naturschutzgebiet, sondern mit ihrem Wasser auch maßgebend die Gallusquelle speist. Der an der Lauchert mitten in Hermentingen entspringende Quelltopf ist nach dem berühmten Aachtopf die kräftigste ganzjährig schüttende Karstquelle der Westalb.

Wie Perlen an einem blausilbernen Collier reiht sich hochherrschaftliches Gemäuer der drei Landstädtchen Gammertingen, Hettingen und Veringenstadt und eine weit überdurchschnittliche Zahl schützenswerter Geotope und Schutzgebiete entlang der Flusslandschaft aneinander. Vom Felsmassiv Maria-

In der Vielzahl von Geotopen an der Lauchert nimmt der »Schlafende Ritter« Enzenbarn zwischen Fehla und Lauchert dank seiner freien Sicht auf die breite Talaue bis nach Hermentingen eine herausragende Rolle ein

berg, auf dessen beeindruckendem Felsplateau das ehemalige Kloster und heutige Diakonische Werk mit dem barocken Kleinod seines an den Steilrand gesetzten Kirchleins thront, über die Gammertinger Zementmergelschüsseln, der beeindruckende Teufelstorfelsen und der »Schlafende Ritter« Enzenbarn, von dessen Aussichtspunkt aus das Tal-Idyll bis nach Hermentingen frei zu überblicken ist. Das Geotop »Gallusquelle« sollte man keinesfalls links liegen lassen; nicht nur wegen des fotogenen wasserumspülten heiligen Gallus, sondern seiner Bedeutung

Die Göpfelsteinhöhle ist eines der Wahrzeichen von Veringenstadt. Als »Brückenheiliger« weist der Neandertaler im Vordergrund auf die urzeitliche Siedlungs-Geschichte.

als Trinkwasserspender für wesentliche Teile des Zollernalbkreises.

Im Städtchen Veringenstadt »zwingt« ein ungewöhnlicher Brückenheiliger zum unbedingt einzulegenden Halt. Der dekorativ vor der imposanten Höhlenkulisse platzierte überdimensionale »Nandi« gibt nicht nur bedeutungsschwere Vor- und Frühgeschichte frei, sondern erinnert daran, dass sich genau an diesem Platz der berüchtigte Hohenzollerngraben mit dem Lauchertgraben kreuzt. Zur Nikolaushöhle und Göpfelsteinhöhle und an der Lauchert entlang führen inhaltsreiche und gut gestaltete Lehrpfade. Doch das Städtle mit seinem Teilort Veringendorf hat noch mehr zu bieten.

Eine Kalktuffstufe an der Abrisskante der fruchtbaren Kalktuffebene in der Talaue, den Stettener Umlaufberg und das Geotop »Gieß-Wasserfall« als den höchsten im ganzen Hohenzollernland; seit Jahrzehnten allerdings amputiert durch die Wasserableitung mittels Kanal eines bereits vor hundert Jahren errichteten Wasserkraftwerkes.

Hinter Jungnau Richtung Sigmaringen / Bingen lässt dann noch einmal die Vorzeit grüßen. Rückstände des riß-eiszeitlichen Rheingletscher-Eis-Stausees, der dereinst den Lauchert-Mittellauf bis hinauf nach Hausen an der Lauchert bedeckte, sind nicht nur aktenkundig. Auch das einzigartige Geotop »Bittelschießer Täle« inklusive Höhle und Ruine findet hier seine Erklärung.

Mit ihren wertvollen Fresken aus dem 13. Jahrhundert und sakralkünstlerischen Details von Romanik bis Moderne ist die katholische Pfarrkirche St. Michael nicht nur die älteste, sondern auch eine der bemerkenswertesten Kirchen Hohenzollerns. Ihre mächtigen zwei Türme machen die dreischiffige Basilika zu einem Blickfang mit unwiderstehlicher Anziehungskraft.

Die »Lauchert-Sinfonie« ist vielstimmig und nicht immer harmonisch. Doch hören und sehen kann man nicht genug von ihr. Bevor wir sie also in Sigmaringendorf in die Donau entlassen haben, ist eines so gewiss wie die Felsen und Fluren, die Quellen und Höhlen, die Schlösser und Ruinen an ihren Ufern: Wir kommen wieder.

Mythos Hohenzollern: Eine unglaubliche Geschichte

Das Flair eines stolzen Fürstenstädtchens hat sich in Sigmaringen bis auf den heutigen Tag erhalten. Unübersehbar, dominierend, selbstbewusst sein Mittelpunkt: eines der größten Stadtschlösser in Deutschland. Das Hohenzollernschloss bestimmt hier aus jeder Perspektive die Blickrichtung.

Hohenzollern. Märchenwelten tun sich auf: die Burg, das Schloss, der Forst, der Park. Etikett einer deutschen Ferienstraße, der meistfrequentierten Rad- und Wander-Wegstrecken im Südwesten der Republik, einer 125 Jahre alten legendären Privatbahnstrecke, einer Regional-Bank. Klangvolles Dach von Vereinen, Organisationen, Musikkapellen. Das Symbol schlechthin für Burgen wie im Bilderbuch, das mächtige Hohenzollernschloss Sigmaringen und für eines der renommiertesten mittelständischen Wirtschaftsunternehmen in Baden-Württemberg.

Das Haus Hohenzollern-Sigmaringen adelt den »Naturpark Obere Donau« im wahrsten Sinne des Wortes. Verwandt und verschwägert mit so gut wie allen Hochadels-Dynastien von Preußens kaiserlichem Glanz bis zur rumänischen Königskrone, setzt es nicht nur historisch maßgebende politische Akzente, sondern sieht sich auch heute noch fest in der Verantwortung für Wahrung, Pflege und Erhalt des fürstlichen Erbes im Residenzstädtchen Sigmaringen und seinem Umland.

Tausend und mehr Jahre Heimatgeschichte. Kaum vermag das Sonnenlicht die feuchten Abgründe des »Fürstlichen Parks Inzigkofen« zu durchdringen. Der modrige Duft des Urwaldes; die schroffe Wand der Felsen; das sanfte Gleiten der Donau. Unergründlich. Unaufhaltsam. Unüberbrückbar. Jeder Schritt übers Netzwerk bizarrer Wurzeln und glitschiger Steine erfordert Behutsamkeit. In diesem Gesamtkunstwerk aus Fels, Forst und Fluss hat zuallererst einmal die Fantasie die Regie übernommen. Doch als Lohn der Mühe winkt ein einmaliges Erlebnis. Es sind die unglaublichen geschichtlichen Fakten, die diesem von der Donau umrundeten Felsennest bei Inzigkofen sein Alleinstellungsmerkmal verleihen.

Auf dem Rund-Pfad zur Eremitage weht der Mantel der

Die Teufelsbrücke im Fürstlichen Park Inzigkofen

Weltgeschichte. Amalie Zephyrine von Hohenzollern – so liest man's menetekel-gleich von der grauen Felswand – hat uns nachnapoleonischen Generationen dieses zauberhafte Stück Natur hinterlassen. Auf ihre Sehnsucht nach Anerkennung, Liebe und Verständnis, ihre engen freundschaftlichen Banden zu Napoleons Gattin Joséphine und ihr Verhandlungsgeschick sind diese 25 Hektar fürstlicher Park-Anlage zurückzuführen. Sie ließ dessen von der Donauschleife abgetrennten nordöstlichen Teil von namhaften Gartenbaumeistern ihrer Zeit zur Eremitage ausbauen. Eine Perle der Gartenkunst aus Stock und Stein, Schluchten und Aussichtspunkten, Terrassen und Grotten ist entstanden mit immer wieder überraschenden Sichtachsen in die traumhaft schöne Landschaft. Dereinst per Fähr-Kahn auf Donauwellen zu überqueren ein Hort für Kurzweil und Naturgenuss für die Fürstin selbst und ihre illustren Gäste aus dem Hochadel Europas, ist eines der großartigsten »Naturpark-Abenteuer« – seit geraumer Zeit von einer schwankenden Zugbrücke getoppt – heute selbstverständlich öffentlich zugänglich.

Und so wähnt man sich im Park der Fürstengattin in einem dramatischen Zaubergarten, der teutonisches Freischütz-Ambiente mit französischem »l'art de vivre« verbindet. Ein bisschen Gänsehaut stets inbegriffen; auch wenn die Annalen längst mit der Anekdote aufräumten, die Fürstin habe sich vor Gram über ihr Schicksal auf weißem Ross in die blauen Donauwellen unterm »Blauen Felsen« gestürzt. Amalie Zephyrine ist 1831 im heutigen Sigmaringer Prinzenbau eines ganz natürlichen Todes gestorben und bleibt in ihrer historischen Rolle als Vermittlerin hohenzollerischer Souveränität bei Kaiser Napoleon ebenso unvergessen wie als Erbauerin dieses unvergleichlichen Kraftortes: Des schönsten und romantischsten Fürstenparks im ganzen Land.

»Hohenzollerischer Sonderweg«, »Hohenzollerische Lan-

An die fast ein Jahrhundert überdauernde Geschichte der »Hohenzollerischen Lande« unter Hoheit der hohenzollerisch-preußischen Verwandtschaft will das heute längst wieder historische Grenzschild vor dem Schloss-Areal erinnern

de«, »Hohenzollerische Frauen-Power« – unter den ausladenden Baumkronen der fürstlichen Parkanlage wird trockene Geschichtslektüre lebendig. Und es ist – während man vom Känzele durchs Felsentor über die Teufelsbrücke zum Amalienfelsen wandert – durchaus angesagt, sich Gedanken zu machen darüber, wie und wer sich für Pflege und Erhalt regionaler und nationaler Kulturdenkmale in Verantwortung genommen hat. Dass Kosten, die in die Millionen gehen, für Sanierung und Restaurierung von Schlössern und Kirchen, Parks und Gartenanlagen bis hin zur Erholungslandschaft Wald, um sie für die Öffentlichkeit zu bewahren, nur von möglichst vielen Verantwortungsträgern gemeinsam geschultert werden können, wird mit jedem schwankenden Schritt auf der grazilen Hängebrücke mit Blick auf diese imposante Naturkulisse nachvollziehbar. Um historische Parkwälder wie diesen traumhaften an der Donau zu renaturieren und der Öffentlichkeit zugänglich zu erhalten, mussten Schlossherrschaft und Öffentliche Hand aufeinander zugehen. Im Sigmaringer »Fürstenwinkel« ist dies – wie auch am Beispiel »Wildpark Josefslust« oder Krauchenwieser Schlosspark zu bewundern – bisher vorbildlich gelungen, bleibt aber auch in Zukunft weiter eine Mammut-Aufgabe.

Ohne das aus Tradition gewachsene »fürstliche Verantwortungsgefühl« dafür, den prachtvollen Privatbesitz mit der Öffentlichkeit zu teilen, damit gemeinsamer Nutzen als Mehrwert für alle auch an zukünftige Generationen weitergegeben werden kann, müsste man so geschichtsträchtige Orte, wie sie gerade im Landkreis Sigmaringen auffallend einzigartig und vielfältig zu bestaunen sind – um beim Beispiel Naturpark zu bleiben –, wohl längst unter »Artenschutz« gestellt wissen.

Schon lenkt – keine zwanzig Straßenkilometer weiter donauaufwärts – ein zweites, nicht minder spektakuläres Beispiel den Blick auf eine Ahnfrau des heutigen Haus-Chefs Karl-Friedrich von Hohenzollern, die Klosterstifterin Katharina von Hohenzollern (1817–1893). Auch sie hat mit ihrem Lebenswerk maßgeblich mitgeschrieben an einem besonders bedeutsamen Kapitel europäischer Kulturgeschichte. Ob ohne die »fürstliche Großmut« seiner Urururur-Großtante die mittlerweile bereits 160-jährige Klostergeschichte der Benediktinerabtei Kloster Beuron und damit eine der stärksten religiös-spirituellen Kraftquellen im deutschen Südwesten ungeschrieben geblieben wäre? Wir wissen es nicht. Aber eines ist sicher: Mit diesem »hohenzollerischen Erbe« der Abtei und den Liegenschaften des durch die Säkularisierung aufgelassenen Augustinerklosters an der jungen Donau hat eine Hohenzollern-Fürstin nicht nur den benediktinischen Nachfahren, sondern auch dem Naturpark eine seiner wertvollsten Preziosen vermacht. Auch diese gilt es, weiter mit Leben zu erfüllen.

Sakralkunst und technischer Fortschritt in St. Maurus im Felde: Mit der Kapelle wie Wasserkraftwerk haben die Benediktiner Zeichen gesetzt.

Donau-Poesie:
»Die Wolke seh' ich wandeln und den Fluss«

Was für ein himmlischer Ausguck: Weit hinaus ins Donauried bis zum Bussen, dem »Heiligen Berg Oberschwabens«, breitet sich das Land dem Auge vom Keltensitz Heuneburg.

Durch diese sonnendurchflutete weite Tal-Aue zu fahren, zu radeln, zu wandern, ist Aufforderung und Herausforderung zugleich. Getoppt noch von bester Sicht auf bemerkenswerte Plätze von einem der vielen komfortablen »Natur-Hochsitze« aus, bietet die mittlerweile weitgehend renaturierte »Donau-Passage Sigmaringen – Herbertingen – Ertingen« dem Naturpark-Fan ein Vademecum im klassischen Sinne: Einen wahren »Königsweg« vom frühen Keltensitz bei Hundersingen über die traditionsreiche Handels- und Fuhrmannstadt Mengen, das hochherrschaftliche Schloss-Kirche-Park-Trio in Scheer, die »schmucke Schmelze« Sigmaringendorf mit bühnenreifer Lauchert-Mündung und schließlich krönend zum monumentalen Stadtschloss der Hohenzollernfürsten zu Sigmaringen.

Höhen-Seelenflüge entlang der ausladenden Donau-Auen. Aus der Ferne grüßt mit dem Bussen der »Heilige Berg Oberschwabens«. Augenweide pur. Zwischen dem nördlichen Jura-Alb-Wellenkamm und dem südlich begrenzenden eiszeitlichen Relikt alpiner Gesteins-Aufschüttungen und Kies-Mulden sowie attraktiver »Oberschwäbischer Seenplatten« erlaubt eine Vielzahl komfortabler natürlicher »Hoch-Sitze« perfekte Rundsicht. Heuneburg, Missionsberg, Hipfelsberg, Mühlberg, Josefsberg ...

Poetisch überflügelt wird die eindrucksvolle »Vogelschau« vom romantischsten der berühmten »Schwabendichter« Eduard Mörike, den verwandtschaftliche Bande, zarte Liebe von Kirchenbank zu Kirchenbank und ein berühmtes Gedicht-Bändchen für immer mit dem Residenz-Städtle Scheer an der jungen Donau verbunden hat.

Die Rekonstruktion der Keltenstadt im Freilichtmuseum auf dem Plateau über der Donau und das Museum in Hundersingen erlauben den Blick zurück über 2.500 Jahre, als hier bis zu 5.000 Einwohner Handel und Wandel mit der ganzen damals bekannten Welt betrieben

Unsere kleine »Donau-Erkundung« mit keinem Geringeren als dem »Urvater der Geschichtsschreibung« starten zu können, gibt dem Naturpark und seinem südöstlichen Kapitel bereits literarisch einmalige Würze: »Die Donau entspringt bei den Kelten und der Stadt Pyrene und fließt mitten durch Europa«, gibt der griechische Universalgelehrte Herodot von Halikarnassos eine von der Wissenschaft dankbar aufgegriffene und mittlerweile entsprechend mehrfach belegte Bedeutung dieses Höhen-Plateaus zwischen Binzwangen, Heiligkreuztal und Hundersingen vor. Heute eine der am besten erforschten archäologischen Fundstätten der europäischen Eisenzeit, locken die »Kelten-Welten« mit Museum und imposanter Freilicht-Anlage zigtausend Besucher jährlich in spannende frühgeschichtliche Gefilde. Nicht allein der weithin sichtbar das Donauried überragende Komplex aus weiß getünchten luftgetrockneten Lehmziegeln, die monumentalen Hügelgräber, Wallgräben und die Nachbauten des im 6. Jahrhundert vor Christus rund 5.000 Bewohner umfassen-

Die markante Silhouette des Herbertinger Ortsteils Hundersingen den Handelszentrums üben auf die Besucher magische Anziehungskraft aus, sondern auch wissenschaftlich systematisierte Forschungs- und Museumsarbeit und ein Veranstaltungsprogramm, welches das Alltagsleben im einstigen Siedlungs-, Wirtschafts- und Machtzentrum an der Donau mit Leben erfüllt und nachvollziehbar macht.

Mit königlicher Magie und historischer Bedeutsamkeit geht's donauaufwärts weiter im Text. Noch bevor wir uns – wieder nach Süden gewandt – vom vorderösterreichischen Flair des Fuhrmannstädtles Mengen bezaubern lassen, lenkt aber noch ein hochadelig-legendärer »Tatort« direkt unter dem Heuneburg-Plateau unsere ungeteilte Aufmerksamkeit auf sich: Die »Mordstelle« am Donau-Ufer, ein landschaftlich idyllischer, allerdings historisch schauriger Platz. Hier an dieser Stelle, so erzählt uns die Chronik auf der anschaulichen Info-Tafel, ist der Erbauer des spätgotischen Schlosses von Scheer, Graf Andreas von Sonnenberg, vor über 500 Jahren auf einem Jagdausflug von seinem »Nebenbuhler«, dem damaligen Sigmaringer Schlossherrn Graf Felix von Werdenberg, niedergemetzelt worden. Dass in genau demselben Umfeld dreihundert Jahre später eine – bis heute unbekannte – Mörderhand den letzten Klausner und Betreuer der zu seinem Gedenken errichteten Kapelle tödlich getroffen hat, gibt dem oberschwäbischen Drama das Flair einer griechischen Tragödie.

Die »Mordstelle« im Donauried

Die schöne alte Fuhrmannstadt Mengen hat ihren Charme über die Zeiten bewahrt

Ähnlich dramatisch geht es weiter auf der seit Jahrhunderten vielbefahrenen europäischen Handels-Magistrale entlang der noch jungen Donau. Einen der bekanntesten europäischen Königs-Reisewege in die adeligen »Blut-und-Tränen-Annalen« eingereiht zu wissen, fällt allerdings nicht leicht. Doch um die kurze tragische Lebensgeschichte der österreichischen Kaisertochter und späteren französischen Königin Marie Antoinette kommen wir auf dieser geschichtsträchtigen Route durchs schwäbische Oberland nicht herum. Wo heute auf einem der meistfrequentierten Radfernwege vom Schwarzwald bis zum Schwarzen Meer die Räder unserer Bikes gemächlich dahinrollen und wir uns nicht satt genug sehen können an der abwechslungsreichen Landschaft rundum, durchquerte anno 1770 der »Brautzug eines Königskindes« die Donau-Auen. Ein Jahrhundertereignis. Geschmäht von jenen, die in Frondienst und Zwangsabgabe für die notwendige Verbreiterung der Straße sorgten, bejubelt von den Zeugen eines bombastischen absolutistischen Vermählungszeremoniells, das die Welt bis dato nie gesehen hat: ein 14-jähriger Teenager auf der insgesamt 1.500 Kilometer-Strecke zwischen Wien und Paris, von Obermarchtal kommend, über Mengen nach Krauchenwies. Die goldgeschmückte Brautkarosse machte Halt zu kurzer Rast im Gasthaus »Zur Harfe«. Ob die Schülerin und Verehrerin des Komponisten Christoph Willibald Gluck und begeisterte Harfenistin bei der Wahl der

Herberge ihr Votum eingelegt hatte, können wir nur vermuten, zumal die Harfe wie fast die ganze Innenstadt und die Archive weitgehend dem großen Stadtbrand zum Opfer fiel. Nach Marktbesuch, Einkehr in eines der Traditionsgasthäuser, im Nudelparadies oder dem Palmengarten in der Südsee bleibt allerdings die Frage, wo ein Begleit-Tross von mehr als einem halben hundert Kutschen und Wagen und 350 Zug- und Reitpferden bessere Aufnahme hätte finden können als in der alten Fuhrmannstadt, rein rhetorisch.

Dass Gastlichkeit und Traditionspflege kein altbackener Zopf sind und keine bloße museale Attitüde, haben die Donaustädtle und Dörfle – eine wie die andere, im Tal oder auf der Höhe – nicht erst voneinander abschauen müssen. Jede hat ihr eigenes spezielles Profil. Das gilt auch für die empfehlenswerten Abstecher in die Seitentäler der Donau; von Ostrach über Ablach und Andelsbach bis hin zum Schmeiental wundervolle Landschaften, die unseren Naturpark zum jeweils individuellen Erholungsraum machen.

»Die Wolke seh' ich wandeln und den Fluss« … Gerne sei dem schwäbischen Romantiker Mörike die »Headline« überlassen, hat er doch mit seinem Poeten-

Ein Magnet der Naherholung: die Schwarzachtalseen bei Ertingen

blick vom Schloss-Felsen-Sporn über die Donau-Auen das Entscheidende angedeutet, das Vielfalt und Fülle von Natur und Kultur erschließt.

Man muss sich Zeit nehmen, um wahrzunehmen und wertzuschätzen. Ob wir von der Sigmaringer Fürstenhöhe, vom »Buchheimer Hans« oder vom Schwenninger Schnaitkapf aus die Alpenkette bewundern ... Ob wir das ganz frisch aus der Taufe gehobene »Trekking-Abenteuer Natur« im »Kuckucksnest« genießen oder uns an einem mittelalterlichen Stelldichein im Adlerhorst der Ruine Hornstein erfreuen ... Ob wir im »Wildpark Josefslust« lustwandeln und 300 Jahre alte Eichen umarmen oder den Marstall und die Waffensammlung im Schloss Sigmaringen bestaunen ... Ob wir den Reliquien der Heiligen Willibald, Wunibald und Walburga in Scheer Ehre erweisen, der Fideliswiege in der Sigmaringer Pfarrkirche St. Johann oder dem Prediger Abraham a Sancta Clara in Kreenheinstetten. Und auch der Schwenk in die nördlichen Kreisregionen sollte unserer Aufmerksamkeit nicht entgehen: Ob wir uns der turbulenten Soldaten-Tradition des Lagers Heuberg widmen und eintauchen in die Militärgeschichte von Stetten am kalten Markt oder uns zu einem ausgedehnten Trip auf dem Eisenbahn-Lehrpfad Neufra-Gammertingen der Hohenzollerischen Eisenbahn entschließen, die schon seit 125 Jahren den Fortschritt buchstäblich auf die Schiene bringt ... und und und ... Natur und Kultur schenken sich nur dem, der sich Zeit nimmt.

Zeitreise.

Mensch und Natur

Der Professor und seine »Passion Heimat«

Der Professor und sein Lieblingsort. Wir können uns vorstellen, wie er zum ersten Mal hier oben stand vor dem geheimnisvollen Dunkel der Göpfelsteinhöhle und hinunter schaute auf die pittoreske Giebel-Szenerie seines Städtles. Wie er feststellte, was alles zu tun wäre, um sein mittelalterlich authentisches Gepräge noch wirkungsvoller, nachhaltiger, zugänglicher zu präsentieren. Wie das Multitalent in ihm ein Bündel von Ideen gleichzeitig ins Gehirn funkte, auf welche Weise der dafür notwendige bürgerschaftliche Zusammenhalt noch motivierter, noch engagierter funktionieren könnte.

Professor Dr. Erwin Zillenbiller wäre nicht der hochkarätige Profi von der Pike auf, wenn er nicht zeitlebens alle Optionen, die ihm sein steiler beruflicher Werdegang in der Landeshauptstadt offenhielt, voll und ganz in den Dienst der Allgemeinheit gestellt hätte. Alle kreativen Musen, die an seiner Wiege zu Veringenstadt vor – sage und schreibe – bald hundert Jahren Pate gestanden haben, ausschlaggebend verstärkt noch durch ein gehöriges Quantum an Begeisterungsfähigkeit, halfen dabei mit.

Als »Vater der Landesplanung und der Chancengleichheit im ländlichen Raum«, als Autor einer halben Hundertschaft von Historienspielen, kulturgeschichtlichen Fachbüchern und Dokumentationen, als Träger höchstrangiger Ehrenzeichen in Bund, Land und Stadt verkörpert er Heimatgeschichte per se. Ob er Drehbücher schreibt, Bühnenbilder skizziert, Pläne zeichnet, Chöre motiviert oder gerade Schätze aus Chroniken gräbt, alles sammelt, was von seinem Geist beflügelt entstand, um es der Welt, ja sagen wir ruhig auch der Nachwelt zu hinterlassen, der heute noch bewundernswert vitale Agrarwissenschaftler, Ex-Ministerialdirigent und Honorarprofessor hat seine »Passion Heimat« nicht nur in der Theorie, sondern immer auch in der Praxis zelebriert.

Wer sich für einen Stadtbummel in Veringenstadt genügend

Die Heimat im Herzen:
Prof. Dr. Erwin Zillenbiller

Zeit nimmt, kann sich dieser »Zillenbiller-Philosophie« schwerlich entziehen: Vom Neandertaler an der Lauchertbrücke über Höhlenpfad und Historienpfad ist an der »Lebendigen Lauchert« das Prinzip »Lebenskraft aus festen Wurzeln« spürbar. Erwin Zillenbiller hat es immer als Glücksfall empfunden, dass ihn der einstige Kreischef und spätere Minister Dietmar Schlee (1938–2002) eingeladen hatte zum Mitmachen im Verein der Freunde der Erzabtei Beuron, wo er dann auch gleich den Vorsitz des Bauausschusses übernahm. Unvergessen ist sein Historienspiel »Hermannus Contractus – das Wunder von der Reichenau« aus Anlass der 900-Jahres-Jubiläumsfeier des Klosters. Ein Brückenschlag nach »Zillenbiller-Maß« ist Hermann der Lahme, der berühmte Mönchsgelehrte des 12. Jahrhunderts, mit seinen Veringenstädter und Altshausener Wurzeln. Ein besonders oft zitiertes »Vorbild« des Autors, wie man mit den von Gott geschenkten Talenten Hilfreiches für seine Mitmenschen bewirken kann.

Geschichte erlebbar machen. »Erinnerungen und Erinnerungsorte muss man gestalten. Das gilt für die Dörfer wie für die Klöster. Sie sind ein Stück Heimat. Ein Stück Identität.« Die Veringenstädter haben's »ihrem Professor« mit einer nach ihm benannten Straße und der Verleihung der Ehrenbürgerwürde gedankt.

Himmlischer Süden: Wo alles zusammenkommt

Credo

Ich möchte sprechen mit den Bäumen
Lauschen dem Wispern ihrer Blätter
Wenn der Abendwind sie bewegt
Und sie von ihren Wünschen erzählen

Ich möchte singen mit den Wogen
Fühlen die Frische des Wassers
Wenn ihm die Sterne Glanzlichter setzen
Und die Fische vom Leben träumen

Ich möchte tanzen auf den Wiesen
Mich wiegen im Schleier der Elfen
Wenn das Mondlicht die Erde verzaubert
Und die Tiere des Waldes kommen

Lass unser Gespräch nicht verstummen
Ersticken im Lärm der Menschen
Die das Leben sich untertan machen
Und dabei sich selbst verlieren

Der Heilige Geist lässt grüßen

Unvergleichliches Fotomotiv: Kloster Beuron im Tal der jungen Donau

Spiritualität und Landschaftsdramatik haben sich an der Südflanke der jungen Donau zu »Kraftorten« verdichtet, denen die Benediktinerabtei St. Martin zu Beuron das Ausrufezeichen setzt. Im belebenden Zusammenspiel der Elemente hat »Baumeister Natur« höchstpersönlich eine unvergleichliche Klausur geschaffen. Ein wahrhaft schöpferisches Abseits, umrahmt von steinernem Zierwerk der Felsenkanzeln und Altäre, durchbrochen von Höhlen und Schluchten, gekrönt von Burgen und Schlössern. Mit Fug und Recht darf man die knapp dreißig Donaukilometer von Schloss (Sigmaringen) zu Schloss (Bronnen) zu den Kronjuwelen des »Naturparks Obere Donau« einreihen.

Ganz gemäß dem uralten Wappenspruch der Hohenzollern-Fürsten: »Nihil sine Deo« – »Nichts ohne Gott« – wird der Besucher hier zu einem »Wanderer zwischen Welten«. Humboldtsche Entdeckerfreude in der biologischen Vielfalt einer abwechslungsreichen

Fels-Forst-Fluss-Szenerie zum einen; spirituelle Anregung im klösterlichen Umfeld von Geist und Glauben zum anderen. Beides ist hier seit Urzeiten schon fest verwoben zu einem Gesamtkunstwerk der Menschheitsgeschichte, das Auge und Seele gleichermaßen erbaut. Wo sich an den Steilwänden der jungen Donau dereinst der »Homo Beuronensis« am Höhlenfeuer wärmte, kann auch heute noch der Mensch auf dem Weg durchs dritte Jahrtausend nach Christi Geburt zu einem überzeugten »Homo Beuronensis« werden. Beflügelt vom Wirken und Werken der Beuroner Mönche und ihrer Freunde, zu denen ganz Große der deutschen Geistesgeschichte zählen.

Gibt es eine Wechselbeziehung ganz individueller Lebens-Höhenflüge mit der vielgestaltigen, kontrastreichen Natur rundum? Umgrenzt vom preußisch-hohenzollerischen Sigmaringen, dem barock-badischen Meßkirch, dem württembergisch-betriebsamen Tuttlingen, den pietistisch-fromm geprägten Regionen der östlichen Schwabenalb und den oberschwäbischen Fluss-Auen hat das lang gestreckte Geviert entlang der Donau-Fluss-Achse einen der bedeutsamen geistigen Mittelpunkte Mitteleuropas hervorgebracht, die Benediktiner-Erzabtei Beuron. Ein Zentrum europäisch-abendländischer Kultur, dessen Ausstrahlung in der Epoche des 19./20. Jahrhunderts weit über die Raumschaft hinausstrahlte und aus dessen geistig-geistlichen Wurzeln die klösterliche Gemeinschaft noch heute die Kraft für ihren Auftrag in der Welt findet.

»Dornenhecke zum Paradies« hat der aus Fridingen stammende Benediktinermönch und Fotograf Werner Feger einmal formuliert, befragt nach dem Einzigartigen, Besonderen dieses »himmlisch-heiligen Geniewinkels«. Der Philosoph Martin Heidegger (1889–1985) spricht von der »schöpferischen Landschaft«.

Romantik pur: St. Maurus im Felde ist ein Juwel

Von einem »Wurzelgrund, der die geistigen Energien nährt; der fester Bestandteil und Halt des menschlichen Seins ist«. Kardinal Karl Lehmann, (1936–2018) Hochschullehrer, Theologe und Bischof, weiß an seiner hohenzollerischen Heimat die positiven Seiten von Abgelegenheit und Einfachheit als Kraftquelle zu schätzen, die man braucht, um dem Anspruch eines hohen Amtes Stand zu halten. Und der einstige Ministerpräsident und Industriemanager Lothar Späth (1937–2016) attestiert den »Menschen in dieser Landschaft eine Ruhe und Gelassenheit, wie man sie anderswo in dieser Durchgängigkeit nicht antrifft«. Hineingeboren in diesen Raum abseits der Magistralen entlang der jungen Donau und ihrer Höhenflanken des südlichen und nördlichen Großen Heuberges beschreiben sie unisono das Wesentliche einer Landschaft, die den Geist weit und frei macht.

Bevor wir nun aufbrechen zu den kulturellen Kostbarkeiten im »Himmlischen Süden«, den badisch gestärktes Selbstbewusstsein mit dem Begriff »Geniewinkel« apostrophiert, gönnen wir unserer Exkursion in klösterlich-adelige Gefilde erst einmal die standesgemäße »beuronische Rast«. St. Maurus im Felde, das Geschenk der fürstlichen »Kloster-Patin« Katharina von Hohenzollern, führt nämlich nicht nur zur ebenso einzigartigen wie einmaligen Beuroner Sakralkunst und dem »technischen Wunderwerk« des ersten Wasserkraftwerkes in der Region, das seit gut hundert Jahren und vor zehn Jahren komplett erneuert, heute noch jährlich Kloster und rund 150 Haushaltungen mit regenerativem Strom versorgt.

Das ländliche Refugium liegt unmittelbar zu Füßen prominenter Wiegen schöpferischen Geistesgutes: Hier sind literarische Juwelen deutschsprachiger Kultur entstanden. Auf Schloss Werenwag hat Minnesänger Hug von Werenwag zu bleibendem Ruhm in der legendären »Manessischen Handschrift« beigetragen und auf Burg Wildenstein, einer der beliebtesten deutschen Jugendherbergen, ist die »Zimmernsche Chronik« entstanden, der vollständige literarische Erstling einer mittelalterlichen Zeitdokumentation. Last, but not least grüßt überm hochgetürmten Felsenband Leibertingen-Kreenheinstetten, das Geburtsdörflein von Abraham a Sancta Clara, in dem der wortgewaltigste Prediger des 17. Jahrhunderts das Licht der Welt erblickte.

Auch das bisher Geschaute und Bewunderte findet hier seine geistige Mitte. So bleibt die »Kunst-Pause« auf der Bank am Donau-Radweg zwischen fürstlichem Landhaus und klösterlichem »Tempelchen« unvergesslich.

Wegweiser im Geniewinkel

Es ist schon ein ganz besonderer Winkel am Südrand des Schwäbischen Jura, den die junge Donau durchströmt. Eine Landschaft, die erforscht, erobert, erwandert sein will. Ihre Tiefe und Weite, ihre Schönheit und Eigenart erschließen sich nur dem, der sich wirklich bemüht. Der sich Zeit nimmt, den Blick schärft und seine Seele öffnet. Nicht von ungefähr hat man sich in und um das einstige Amtsstädtchen Meßkirch voller Stolz auf die respektable »Ahnengalerie« selbstbewusst den Begriff »Geniewinkel« zu eigen gemacht. Tüftler und Theologen finden sich darunter, Politiker und Philosophen, Komponisten und Schriftsteller, Hoheiten und Heilige. Ihre Spuren sind unübersehbar: in Museen, Schlössern und Bibliotheken, in Klöstern und Kirchen und draußen in der freien, weiten, großartigen Natur des Landstriches, der sie prägte.

Meßkircher Blickfang: Die Pfarrkirche St. Martin und die Nepomuk-Kapelle grüßen mit ihren Turm-Helmhauben und wetteifern in barocker Pracht mit dem Renaissance-Schloss der Grafen von Zimmern.

Im Felsentäle

Haben hier Zyklopen gekegelt oder Druiden getanzt? Hat Goliath hier Mikado gespielt oder Samiel seine todbringenden Bronzekugeln gegossen? Der Blick in die geologischen und archäologischen Lehrbücher bringt Licht ins Dunkel. Auf der gesamten Meßkircher Gemarkung haben vor 140 Millionen Jahren die Gletscher der Riß-Eiszeit das Jurameer mit ihren Geröllmassen überdeckt. Hier, unweit des einstigen Wallfahrtsörtchens Igelswies, hat sich eine schmale Spalte ins Kalkriff des Weißjura geschnitten. Seine Überbleibsel – gewaltige Schwammstotzen, die zu Brocken gewürfelt Höhlen gebildet und Brücken ge-

Der Wettkampf des Jura-Kalkgesteins mit den Geröllmassen der Riß-Gletscher gibt im Felsentäle ein spannendes geologisches Nachspiel

schichtet haben – präsentieren sich heute moosüberdunkelt und vom Laub übergrünt dem Naturfreund als dramatischer Blickfang. Gespenstisch, wenn der Nebel mit den Stämmen Verstecken spielt und der dichte Forst rund um Annenbach und Ablach »Freischütz-Romantik« und Märchenstimmung à la Hänsel und Gretel zaubert. Bei trockener Witterung – und nur dann ist das Felsentäle überhaupt trittsicher begehbar – ist dieser wunderschöne Pfad allein wegen seiner Blumenpracht vor allem im Frühjahr ein Muss. Er inspiriert zum Sinnieren über Schöpfungsmacht und Zeitenwandel. Und er rückt das Kräfteverhältnis von Menschenwerk und Naturgewalt in die richtige Relation.

Auf dem Feldweg

Die Denk-Pause auf der »Heidegger-Bank« unterm knorrigen Geäst der uralten Eiche gebietet sich. Auch wenn der – berühmte – Feldweg zu Meßkirch als der wohl meistgenutzte Wander- und Spazierweg des heutigen Land-, früheren Amts- und mittelalterlichen Residenz-Städtchens allerdings heute der Muße wie der Muse nicht mehr allzu viel Spielraum lässt. Im Heidegger-Gedenkstübchen, eines der schönsten Renaissance-Schlösser im Südwesten und heute repräsentativen Kultur-Zentrum des Landkreises Sigmaringen, bereits bestens eingestimmt von der aufwendigen Bücherflut, lässt sich der Besucher gerne und konzentriert auf das »Abenteuer Geist« ein. Die mächtigen Linden des feudalen Schloss-Gartens entlassen uns dann mit dem Schüler und Studenten Martin Heidegger durchs Hofgarten-Tor

Meßkircher »Feldweg-Impression«: Spiritualität ist immer dabei.

hinaus auf den Weg ins Ehnried am Feldkreuz vorbei Richtung Wald. »An dessen Saum grüßt eine hohe Eiche, unter der eine roh gezimmerte Bank steht. Darauf bisweilen die eine oder andere Schrift der großen Denker, die eine junge Unbeholfenheit zu entziffern suchte. Wenn Rätsel aneinanderdrängten und kein Ausweg sich bot, half der Feldweg ... Spricht die Seele? Spricht die Welt? Spricht Gott? Der Zuspruch macht heimisch in einer langen Herkunft.« Der große Denker über »Sein und Zeit« hat seine Freunde im Laufe seines langen Lebens oft an diese Bank in der Vaterstadt geführt, um sie an seiner Metapher vom Feldweg als festem Fundament des Einfachen und Bleibenden teilhaben zu lassen. Selbst wenn sich der »Normaldenker« letztlich ratlos, aber in großer Bewunderung vor der Geistesgröße gerne von einem Zitat des Physikers Carl Friedrich von Weizsäcker trösten lässt, der zu Heideggers berühmtestem Werk »Sein und Zeit« notierte: »Das ist Philosophie. Ich verstehe kein Wort. Aber das ist Philosophie.« Das Phänomen des Feldweges aus der Denker-Perspektive entschlüsselt uns die Bedeutung von Heimatwurzeln genauso eindrucksvoll wie die großartige Weite und Tiefe der Natur rund um Meßkirch.

Heinrich Güntner bei der Taufe seines »Patenkindes«, der Meßkircher Klosterstadt Campus Galli

Ob Wildensteiner Jahrmarkt, Drachen-Flugfest, Skulpturenpark Thalheim oder Natur pur bei der Rund-Tour um Lengenfeld, Bandfelsen, Hausener Zinnen oder Lenzenfelsen, Altbürgermeister Heinrich Güntner kann man an der Donautal-Südflanke immer dort antreffen, wo sich Natur und Kultur im King-Size-Format präsentieren. So auch an diesem legendären November-Tag vor 45 Jahren, als unterm klirrend kalten zugigen Dachgiebel von Burg Wildenstein die Geburtsstunde des »Naturparks Obere Donau« schlug. Symbolträchtiger hätte man die historische Stunde nicht inszenieren können, anlässlich derer Landwirtschaftsminister Gerhard Weiser – ganz »alb-konform« mit einstündiger Verspätung – endlich sein Ziel erreicht hatte, um mit den anwesenden Partnern aus Kommunen, Verbänden und Behörden den Pakt »Naturpark Obere Donau« zu besiegeln. Der scharfe Nordostwind sorgte für eindrucksvolle Begleitmusik um die Mauerkränze der Wildenstein und die ersten Schneeflocken setzten sich auf Zufahrt und Parkplatz vor der Burg. »Geburtshilfe per Schneepflug«, ein passender Einstand für das frisch gekürte Naturpark-Projekt. Der Altbürgermeister, über ein Schwabenalter hinweg »Schultes links der Donau« – zuerst in Vilsingen, dann in Leibertingen –, gehört zu den unermüdlich streitbaren Machern einer »Generation Silber«, die im Laufe ihres Lebens zwar ein paar Locken eingebüßt, aber nie lockergelassen haben, wenn es darum ging, sich für etwas

Start frei für »Campus Galli«: ein Naturpark-Highlight der Spitzenklasse

Gutes und Sinnvolles einzubringen. An Gelegenheiten zu uneigennützigem Einsatz für die Allgemeinheit fehlte es nie, auch dank europäischer Schützenhilfe.

Eine unter den zahlreichen erfolgreichen Patenschaften, die er im Laufe amtlicher wie ehrenamtlicher Funktionen übernommen hat, erfüllt ihn mit besonderem Stolz. Es ist das spektakulärste unter den zahlreichen europäischen Förderprojekten im oberschwäbischen Raum, die ihm im Vorsitz der Leader-Arbeitsgruppe Oberschwaben den Ehrentitel »Mr. Leader« eingebracht hat. 24 Jahre lang hat er sich mit Vehemenz in Sorge um die heile Welt dafür eingesetzt, den dramatischen gesellschaftlichen Wandel im ländlichen Raum aktiv zum Besseren zu gestalten mit touristisch erfolgreichen Dorfentwicklungskonzepten. Vom Blühwiesenstreifen am Ackerrand über Fledermaus-Schutzzonen im Bierkeller bis zur Restaurierung von Trockenmauern und sakralen Kleinodien sowie in die Jahre gekommene Backhäusle, Themen- und Kunstpfade ... Um örtliches Brauchtum, traditionelles Handwerk oder zugkräftiges Dorfleben zu erhalten, sind die Europa- und Landes-Fördertöpfe ebenso notwendig wie die Bereitschaft zu ehrenamtlichem Engagement. Und Heinrich Güntner, der Bürger und Ehrenbürger, sieht sich heute noch als Vorbild und treibende Kraft.

Sein Credo »Landlust statt Landfrust« hat auch maßgeblich dazu beigetragen, dass sich aus der anfänglichen »Schnapsidee« von der »Karolingischen

Klosterstadt Meßkirch« der Touristen-Magnet »Campus Galli« entwickeln konnte. »Mein Patenkind« bezeichnet der in Ehren ergraute Kommunale aus Leidenschaft die Dauer-Baustelle im Wald bei Meßkirch, in der mittelalterliche Kloster-Szenerie maßstabsgetreu nach dem historischen St. Galler Klosterplan ins Leben gerufen wird. Unglaubliche hunderttausende Besucher lassen sich mittlerweile jährlich vom authentisch nachgebildeten bunten Leben und Treiben anlocken, schauen, staunen oder legen selbst Hand mit an beim Zimmern und Mauern an Kirche und Küche, beim Bestellen der Äcker und Gärten, beim Säen und Sammeln. Vor diesem Paradestück in unserem Naturpark darf sich ein alter Dorfschultes bei aller hohenzollerischen Zurückhaltung stolz auf die eigene Brust klopfen. »Die Fördermittel aus Europa sind ein wahrer Segen. Doch nur dann für uns Bürger spürbar und wirksam, wenn man sie auch klug einsetzt.«

An den Sauldorfer Seen

Der Naturfreund kommt aus dem Staunen gar nicht mehr heraus. Was für eine Wunderwelt haben die Kies-Bagger hier im ländlichen Ambiente üppiger Weidegründe geschaffen. Das dem Jurameer »entstiegene« Donaubergland und die eiszeitlichen Relikte der Bodensee-Drumlins haben sich vermählt und schmücken sich nun dank tatkräftiger Mitwirkung der Kies- und Schotterwerke mit einer ganzen Kette kleiner Seen. Ein in unserer vom Artenschwund gebeutelten Gegenwart unschätzbarer Gewinn an neuem Lebensraum für seltene Vögel, geschützte Amphibien, vom Aussterben bedrohte Pflanzen. Ein wahrer Paradiesgarten auch für die Biber-Familien, die sich in den Burgen und Wohnkesseln in den Uferzonen des verzweigten

Willkommene Rast auf der Winterreise in den Süden

Ablach-Gebietes häuslich eingerichtet haben und mit zahlreichen Biberdämmen grüßen.

Die landschaftliche Idylle um Sauldorf, Krumbach, Rast und Bichtlingen ist ein uraltes Siedlungsgebiet, das die Römer schon durchzogen haben. Mit seinen fruchtbaren Böden als »Fleckviehgäu« geschätzt, hat die Rinderzucht hier eine Traditionsheimat und versorgt nicht nur die Region zwischen Donau und Bodensee mit ihren Erzeugnissen und Erfahrungen. Im Naturpark ist sie heute Erfolgsmodell für Artenschutz und Ziel informativer Exkursionen. Mit seinen insgesamt elf Baggerseen und dem Feuchtgebiet »Waltere Moor« eine wahre Arche Noah.

Ein bequemer Rundweg bietet ungestörten Blick auf das quirlige Leben und Treiben, sogar der selten zu beobachtende Kiebitz fühlt sich in diesem Garten Eden wohl. Dass auch der Eisenbahn-Fan an den Sauldorfer / Schwackenreuter Seen auf seine Kosten kommt, verbindet Natur, Kultur und Geschichte auf das Harmonischste. Liegen die romantischen Kies-Seen doch an der 1870 von den Badischen Staatseisenbahnen eröffneten Hegau-Ablach-Bahn von Stockach nach Meßkirch, die dereinst zur kürzesten Verbindung von Berlin nach Mailand und von Wien nach Paris ausgebaut werden sollte. Vor rund 25 Jahren jedoch stillgelegt, hat sie an Sommer-Wochenenden als »Biberbahn« 2021 »Wieder-Auferstehung« gefeiert.

Magie Kloster Beuron: Die gelungene Synthese

Die Beuroner Klosteranlage dominiert den Talgrund in der Donauschleife ebenso wie die ihn umgebenden Kalkfelsformationen. Imposant liegt sie da. Ein begehrtes Fotomotiv – ob in sattes Grün gehüllt, überstrahlt von einem stahlblauen Himmel, oder nur schemenhaft wahrnehmbar als Silhouette, von herbstlichem Frühnebel umspielt.

Kloster Beuron ist das »Herz des Naturparks Obere Donau«. Quelle des Geistes und der Spiritualität mit fast tausendjähriger Geschichte hat die Abtei ihre Anziehungskraft auf Pilger, Wallfahrer wie Touristen bis in unsere säkularisierte Gegenwart bewahrt. Die gutnachbarschaftliche Beziehung mit dem »Haus der Natur« ruht thematisch auf festem Grund. Hier: »Lobpreis der Schöpfung.« Dort: »Achtsamkeit in der Natur.« Eine gelungene Synthese.

Dieses grundlegende Zusammenspiel kann Wallfahrts- und Gastpater Sebastian Haas-Sigel OSB, den wir auf einem Rundgang ins Liebfrauental zur »Ma-

Beuron: ein Klosterdorf wie im Bilderbuch

gie Kloster Beuron« befragen, aus der Geschichte der Wallfahrt zur »Schmerzhaften Mutter von Beuron« bestätigen.

»Für sehr viele Menschen, die hierher ins Obere Donautal kommen, ist die großartige Natur eine Einladung, ein Anlass, vielleicht ja auch Zugang zu dem, was diesen Ort ausmacht«, führt uns der Benediktinermönch auf das aus seiner Sicht Wesentliche hin: die barocke Abteikirche, die zu einer Begegnung der besonderen Art einlädt. »Licht, Form und Farbe – ein Fest der Sinne und des Lebens: Eintreten, sich beeindrucken, mitnehmen, öffnen und beschenken lassen; auf Entdeckungsreise gehen und, wie auch draußen im Raum der Schöpfung, den Blick fürs Detail schärfen. Womöglich auch für die Botschaft des Ganzen: für das Wunder, dass Gott uns nahekommt.« Denn darum gehe es an diesem Ort, im ganz konkreten Leben der Mönche, erklärt Pater Sebastian den klösterlichen Tagesablauf, der sich betend, arbeitend, lesend vollziehe. »Die festlich-schlichte Feier

Die Wallfahrt ins Liebfrauental ist für viele Christen ein festes Ritual

Die Beuroner Gnadenkapelle: ein Sehnsuchtsort

der Liturgie, die Harmonie des Gregorianischen Chorals, das Gleichmaß der Psalmodie – all das will hier nicht frommes Wohlgefühl bleiben, sondern den konkreten Alltag prägen.«

Integriert in das Gesamtkunstwerk der Beuroner Kunst, komme, so der Wallfahrtspater, mit der spätgotischen Plastik des Beuroner Gnadenbildes der existenzielle Kern

Die eindrucksvolle Beuroner Liturgie ist immer wieder ein »Hochfest« für die ganze Region

der Wallfahrt in den Blick: die Schmerzhafte Mutter unter dem Kreuz, den toten Sohn auf dem Schoß. Dieses Bild ist seit Jahrhunderten Ziel der Beuroner Wallfahrt. Die benediktinischen Gründerväter haben die von den Augustiner-Chorherren ererbte Tradition der »Schmerzhaften Mutter von Beuron« vor 160 Jahren von Anfang an aufgegriffen und weitergeführt; auch in den schwierigen Zeiten von Klosteraufhebung und Kirchenkampf. Die »Exilwallfahrtsstätte« im Liebfrauental mit der Kopie des Beuroner Gnadenbildes in der Felsnische unterhalb der Lourdes-Grotte – bezeugt das anschaulich.

»Das stille Tal des Friedens« hat die nach ihrem Martyrium in Auschwitz als Theresia Benedicta A Croce heiliggesprochene Philosophin Edith Stein den Klosterort Beuron genannt, in dem »Tag für Tag und Jahr für Jahr das Lob des Herrn gesungen wird«.

Wie oft mag die junge Wissenschaftlerin, auf ihren Besuchen im Donautal diesen Kreuzweg entlanggeschritten sein, sich an der Aussicht erfreut haben? Wie oft den Weg zum »Tempel aus lebendigen Steinen« eingeschlagen haben, um vor dem Beuroner Gnadenbild zu verweilen, wie wir dies nun gerade – vom Wallfahrtspater begleitet und geleitet – vorhaben? Bevor wir – vom Heiligen Martin über der Freitreppe zur Vorhalle auf der Kirchenfassade begrüßt – unser Ziel erreichen, halten wir an ihrer blumengeschmückten Toten-Tafel an der Friedhofsmauer noch eine Gedenkpause.

»Die Schmerzensmutter hat sie alle gesehen, heute wie damals«, lässt Pater Sebastian Beuroner Wallfahrtsgeschichte lebendig werden: »Die Bewohner der Umgegend, die am Sonntag oder zu den Festtagen jahrein, jahraus nach Beuron pilgerten – nicht wenige zu Fuß; die Zigtausenden, die zu Blütezeiten an den großen Wallfahrtstagen den Pilgerzug mit der Destination Beuron bestiegen haben –

Kloster-Bibliothek: Die Türen der »Waffenkammer Gottes« stehen Besuchern auf Anfrage offen.

aus Oberschwaben, aus Süd-, Mittel und Nordbaden, ja sogar aus dem Ermland.

Sie begrüßt auch die Heutigen: Menschen, für die Beuron Ort des Gebets und des Gottesdienstes ist; jene, die pilgernd zu

»Gesegnete Reise«: Ob Biker, Radler, Pilger, im Kloster Beuron holt man sich gerne geistlichen Beistand.

Fuß auf der ›Via Beuronensis‹ in Richtung Santiago de Compostela unterwegs sind, oder andere, die den Spuren des heiligen Mönches und Einsiedlers Meinrad auf dem Meinradweg von Rottenburg-Sülchen nach Einsiedeln folgen. Und auch alle, die eher zufällig den Weg in die Gnadenkapelle finden, erwartet sie: Wanderer, Ausflügler, Touristen; Menschen mit unterschiedlichster kultureller, religiöser und konfessioneller Herkunft, Geschichte, Prägung und Bindung. Das Fürbittbuch vor dem Gnadenbild gibt beredt davon Zeugnis.«

Mensch und Natur

Der Vorkämpfer: Mit Fingerspitzengefühl und unermüdlicher Tatkraft

In der Geschichte des »Naturparks Obere Donau« weist seine Vorbildfunktion Gerd Schach (1936–2007) eine tragende Rolle zu. Als einer der überzeugendsten Vorkämpfer für nachhaltigen Natur- und Landschaftsschutz in Baden-Württemberg hat sich der Botaniker und Pädagoge bleibende Verdienste erworben. Aufzuwiegen ist sein vielfältiger, leidenschaftlicher ehrenamtlicher Einsatz für ein achtsames Miteinander von Mensch und Natur mit der Vielzahl öffentlicher Auszeichnungen nur unzureichend.

Für den Naturschützer Gerd Schach zählte jede »gerettete« Doline oder Hülbe, jeder Heckenriegel, jede erfolgreich abgeschlossene Wacholderheidenputzete, jedes noch so unscheinbare Pflänzle, Pilzle oder Käferle, dessen Lebensraum durch umweltbewusstes Verhalten gewahrt und bewahrt werden kann, mehr als Ehrenschild oder Verdienstmedaillen. Anerkennung seiner lebenslang unermüdlich, couragiert und erfolgreich an den Schalthebeln des Schwäbischen Albvereins, des Landesnaturschutzverbandes, des Deutschen Wanderverbandes und der Gesellschaft für Naturkunde ausgeübten Funktionen wollte er nie personenbezogen verstanden wissen, sondern ausschließlich im Sinne der großen, guten Sache.

Über 30 Jahre lang als Gaunaturschutzwart im Zollerngau und seit 1980 mit der Leitung des damals neu gegründeten Arbeitskreises Zollernalb im Landesnaturschutzbund betraut, sah sich der Lehrer an der Realschule Meßstetten als kritischer, wenn es sein musste auch mal provozierender Mahner. Ob »Aktion Irrenberg« oder »Aktion Schafberg«, »Steinbruch Plettenberg«, »Kornbühl-

Windräder« oder »Westernstadt über der Donau«, in seiner Sorge um ein wirksameres Ansehen des Naturschutzes in der Bevölkerung nahm Gerd Schach kein Blatt vor den Mund. Allerdings kämpfte er oftmals auch gegen »mangelndes psychologisches Fingerspitzengefühl« der Naturschützer, die mit ihrem »Verbotsdenken« und übertrieben einseitigem Artenschutz mitunter genau das Gegenteil von dem erreichten, was sie anstrebten.

Eine schwere Krankheit, die der Einsatzfreude des »Haupt-Naturschutzwartes Süd« allerdings nichts anhaben konnte, hat Gerd Schach herausgerissen aus seinem unbeugsamen Mühen um das gedeihliche Miteinander von Mensch und Natur, von Landschaft und Heimat, in der Landwirtschaft und schonender Umgang mit Pflanzen- und Tierwelt gleichermaßen Platz finden. In der praktischen Umsetzung der Naturparkziele wusste er die Fortsetzung seiner Arbeit bestens verankert. Die Pflege der guten Verbindung zum »Haus der Natur« wie auch zu »seinem« Kloster war fest in seinem Lebensalltag verankert. So verband der begeisterte Skisportler selbst in eisigen Wintertagen gerne die sportliche Herausforderung einer Skitour vom »Alterssitz« Irndorf mit einem »B'süchle« im Donautal. Dass er – wenige Wochen vor seinem Ableben – als langjähriger Freund der Erzabtei Beuron aus den Händen des heutigen Erzabtes Tutilo Burger und des damaligen Vereinsvorsitzenden, Minister Friedhelm Repnik, die Vereins-Ehrennadel entgegennahm, hat ihn erkennbar beglückt.

Gerne nimmt der Freund des Klosters die Ehrung entgegen

Zum guten Schluss ein Dankeschön

Landschaftsbilder sind oft auch Lebensbilder. In meinem Naturpark-Büchle ist beides aufs Engste miteinander verflochten. Auf Wanderungen im badisch-hohenzollerisch-württembergischen Dreiländereck bin ich nicht nur einer geradezu verschwenderischen Natur-Vielfalt begegnet, sondern auch Menschen, die diesen Reichtum ihrer Heimat zu schätzen wissen. Die hier Geschichte schrieben, Erfindungen machten, Empfindungen weckten.

Auf meinen Erkundungen wurden sie mir vertraute Begleiter, die die Sinne öffnen halfen für die vielen großen und kleinen Wunder im Naturpark. Wenn meine Wahrnehmungen und Beobachtungen nun ein buntes Mosaik lohnender Ziele werden konnten, das die Vielfalt der Region auch nur annähernd widerspiegelt, ist das ihnen allen zu danken.

Dank dem Fürsten des Hauses Hohenzollern, das mit der Anziehungskraft von Schloss, Park-Anlagen und Wäldern einen wesentlichen Teil zur Attraktivität des Naturparks beiträgt; Dank auch den Veteranen des Schwäbischen Albvereins, die den Naturpark mit aus der Taufe gehoben und verlässlich dafür gesorgt haben, dass Weg und Steg in Fels und Forst gangbar sind; Dank den so eifrig um friedliche Koexistenz von Mensch und Natur bemühten Mitarbeitern des Naturpark-Vereins und der Stiftung Naturschutz sowie den fürs ökonomische wie ökologische Wohl und Wehe Verantwortlichen in den Behörden der Landkreise und Kommunen. Soweit möglich, sind sie im vorliegenden Konvolut gewürdigt. Namentlich herausheben möchte ich aber auch die »Mitstreiter«, die mir ihr Wissen und Wohlwollen, ihr Vertrauen und Zeit schenkten: allen voran Naturpark-Geschäftsführer Bernd Schneck und die Profis vom Gmeiner Verlag, Anja Sandmann und Veronika Buck. Lenore Link aus Tieringen, Sabine Drosdek aus Gammertingen und Nina Lorch-Beck aus Winterlingen haben sich als meine »rechten Hände« mit auf Foto-Safari gemacht und manchen guten Tipp beigesteuert. Thomas Hoppe, der Referatsleiter »Vorrömische Metallzeiten« im Stuttgarter Landesmuseum, sorgte für fachlichen Input.

Keine Frage, dass ich den Lesern nur wärmstens empfehlen kann, die in meiner persönlichen Naturpark-Schatzkiste angesammelten Kostbarkeiten auf eigenen Entdeckungsreisen weiter zu bereichern. Es sollen, wollen und können ja nur »Appetizer« sein auf eigene »Abenteuer im Garten Eden«. Auch in meiner »Naturpark-Agenda« warten noch Traumziele. Die Paddelpartie auf der jungen Donau zum Beispiel, von eingefleischten Kanuten zur »Schönsten in ganz Deutschland« votiert … Eine »Exkursion Bohnerz« zu den historischen Hochburgen der Eisenverhüttung an der Lauchert und der Donau mit Museumsbesuch bei ZOLLERN in Laucherthal, dem ältesten familiengeführten Unternehmen Deutschlands … Südseefeeling tanken an der oberschwäbischen Seenplatten und die Auszeit vom Alltag im Naturtheater Waldbühne Sigmaringendorf ausklingen lassen.

Selbstverständlich soll auch »die Freud im Narrenkleid« zum Zug kommen: Die »Fasnet in Fridingen« beispielsweise, wo sich am »Schmotzigen« ein ganzes Städtle trifft, um den Narrensamen zu streuen. Oder mit den Obernheimer Hexen tanzen, wenn die »Unholda« zur Richtbank geführt wird … Oder die Fuchswadel und Fransennarren durch Schömberg begleiten.

Im »Naturpark Obere Donau« Neues zu entdecken, macht zu jeder Zeit und bei jeder Gelegenheit Spaß: Überzeugen Sie sich selbst.

Im Januar 2024
Notburg Geibel

Quellen

Winfried Aßfalg, Verlag aktuelle texte 1986: Erlebtes Heiligkreuztal.

Günter Bruttel / Daniela Krezdorn / Reiner Löbe / Erwin Schultheiß, Gmeiner-Verlag 2013: Sigmaringen: Residenzstadt im romantischen Donautal.

Gerd Dietl / Günter Schweigert, Verlag Dr. Friedrich Pfeil 2011: Im Reich der Meerengel – Der Nusplinger Plattenkalk und seine Fossilien.

Karl Rudolf Eder (Hrsg.), Regio Verlag Glock und Lutz 1991: Mariaberg. Beiträge zur Geschichte eines ehemaligen Frauenklosters.

Walther Frick, Geiger-Verlag 1994: Das war Hohenzollern. Ein Lesebuch.

Sören Frommer: Niederungsburg, Hochadelsgrablege, Schlosskapelle, Bürgerkirche. Die Ausgrabungen in der Gammertinger Michaelskapelle. Landesdenkmalpflege Heft 69.

Notburg Geibel, Gmeiner-Verlag 2003: Geniewinkel. Begegnungen in einer besonderen Landschaft.

Notburg Geibel, Gmeiner-Verlag 2003: Himmlisches Viereck: Hegau – Linzgau – Bodensee. Begegnungen in Text und Bild.

Notburg Geibel, Gmeiner-Verlag 2007: Im Kreis der Mächtigen. Begegnungen in Text und Bild.

Notburg Geibel, Gmeiner-Verlag 2009: Fünf-Sterne-Kreis Tuttlingen. Profile eines Landkreises.

Notburg Geibel, Gmeiner-Verlag 2012: Großer Heuberg. Magischer Dreiklang zwischen Neckar und Donau.

Notburg Geibel, Gmeiner-Verlag 2015: An der jungen Donau. Wo Europa entspringt.

Notburg Geibel, Gmeiner-Verlag 2016: Schwäbische Alb – Der Westen. Keltengold, Kässpätzle und andere Kultouren. Lieblingsplätze zum Entdecken.

Anette Hähnel / Karen Kuehl, Gmeiner-Verlag 2011: Das Fürstliche Haus Hohenzollern. Private Einblicke in die Fotoalben.

Heinrich Heidegger / Pierfrancesco Stagi, Gmeiner-Verlag 2012: Martin Heidegger. Ein Privatportrait zwischen Politik und Religion.

Fredy Meyer, Eigenverlag 2004: Auf Schritt und Tritt – Burgen, Höhlen und heilige Orte am Bodensee.

Ute Raddatz / Hans-Peter Döler: Das Tal der Oberen Donau. Großer Heuberg und Hardt im Naturpark Obere Donau.

Matthias Koschar / Richard Groz, Beuroner Kunstverlag 2015: St. Johannes und Jakobus am Witthoh: Chronik – Charakter – Charme einer Kapelle.

Wilhelm Rößler, Schwäbischer Albverein e. V. 2007: Naturpark Obere Donau – Reihe Natur-Heimat-Wandern.

Horst Schöck, Grebennikov Verlag 2013: Hohenzollernstraße. Eine Reise durch Geschichte und Natur.

Hans Siwik / Wolfgang Urban, Katholisches Bibelwerk 1998: Orte der Stille. Klöster in Baden-Württemberg.

Arnold Stadler: Ich saß zwischen Vater und Großvater, in: Edwin Ernst Weber (Hrsg.), Gmeiner-Verlag 2016: Familienerinnerungen aus dem Großen Krieg. Beiträge von fünf Autoren und einem Maler.

Stadt Mengen: Fuhrmannstadt Mengen. Geschichten einer Stadt.

Stadt Winterlingen, Geiger-Verlag 1993: 1200 Jahre Winterlingen. Mit den Teilorten Harthausen und Benzingen. Kleinod auf der Albhochfläche.

Touristinformation Gammertingen, www. Laucherttal.de: Willkommen im Tal der Lauchert.

Fürst Karl Friedrich von Hohenzollern / Katrin Frische, Gmeiner-Verlag 2023: Zwischen Freiheit und Verantwortung. Die Autobiografie.

Günter Zeiger (Hrsg.), Motorbuch-Verlag 1990: 100 Jahre HzL. Geschichte der Hohenzollerischen Landesbahn AG. 1899 –1999.

Lyrik
Notburg Geibel

Fotos
Sofern hier nicht gelistet, stammen alle Bilder von Notburg Geibel.
S. 9: Privatarchiv Fürst von Hohenzollern
S. 16: Reiner Löbe
S. 17: Bernd Schneck
S. 26, 27: Armin Hafner
S. 29: Willi Rössler
S. 33, 118, 121: Kloster Beuron, Daniel Faschian
S. 55: Landratsamt Zollernalbkreis
S. 70: Lenore Link
S. 78: Zollernalbkreis, Frank Engelhardt
S. 82: Landesmuseum Württemberg, Hendrik Zwietasch
S. 83, 85: Sabine Drosdek
S. 98: Achim Mende / Stadt Mengen
S. 99: Veronika Buck

Karte: »Schatzkammer Naturpark Obere Donau«: Veronika Buck & Susanne Lutz